Die häufigsten Managementfehler

Prof. Dr. Christian Zielke

Haufe

Bibliografische Information der Deutschen Bibliothek

Die Deutsche Bibliothek verzeichnet diese Publikation in der Deutschen Nationalbibliografie; detaillierte bibliografische Daten sind im Internet über http://dnb.ddb.de abrufbar.

ISBN 3-448-06775-X
Bestell-Nr. 00865-0001

© 2005, Rudolf Haufe Verlag GmbH & Co. KG, Niederlassung Planegg bei München
Postanschrift: Postfach, 82142 Planegg
Hausanschrift: Fraunhoferstraße 5, 82152 Planegg
Fon: (0 89) 8 95 17-0, Fax: (0 89) 8 95 17-2 50
E-Mail: online@haufe.de
Internet: www.haufe.de
Lektorat: Dr. Ute Gräber-Seißinger
Redaktion: Sylvia Rein

Alle Rechte, auch die des auszugsweisen Nachdrucks, der fotomechanischen Wiedergabe (einschließlich Mikrokopie) sowie der Auswertung durch Datenbanken oder ähnliche Einrichtungen vorbehalten.

Umschlaggestaltung: HERMANNKIENLE, Simone Kienle, 70182 Stuttgart
Umschlagentwurf: Agentur Buttgereit & Heidenreich, 45721 Haltern am See
Druck: freiburger graphische betriebe, 79108 Freiburg

Zur Herstellung der Bücher wird nur alterungsbeständiges Papier verwendet.

TaschenGuides – alles, was Sie wissen müssen

Für alle, die wenig Zeit haben und erfahren wollen, worauf es ankommt. Für Einsteiger und für Profis, die ihre Kenntnisse rasch auffrischen wollen:

- Sie sparen Zeit und können das Wissen effizient umsetzen.
- Kompetente Autoren erklären jedes Thema aktuell, leicht verständlich und praxisnah.
- In der Gliederung finden Sie die wichtigsten Fragen und Probleme aus der Praxis.
- Das übersichtliche Layout ermöglicht es Ihnen, sich rasch zu orientieren.
- Schritt-für-Schritt-Anleitungen, Checklisten, Beispiele und hilfreiche Tipps bieten Ihnen das nötige Werkzeug für Ihre Arbeit.
- Als Schnelleinstieg in ein Thema ist der TaschenGuide die geeignete Arbeitsbasis für Gruppen in Organisationen und Betrieben.

Ihre Meinung interessiert uns! Mailen Sie einfach an die TaschenGuide-Redaktion unter online@haufe.de. Wir freuen uns auf Ihre Anregungen.

Inhalt

6 ■ **Vorwort**

7 ■ **Die Unternehmen und die Führungskräfte**
8 ■ Drei Manager auf Mallorca
12 ■ Die Wette

13 ■ **Fehler in der Unternehmensführung**
14 ■ Strategische Mängel
32 ■ Mangelnde Planung
41 ■ Fehlende Steuerung und Kontrolle

Fehler bei den Führungskräften	51
Die Führungskraft als Fehlerquelle	52
Interkulturelles Fehlverhalten	69
Mangelnde Kontrolle	73
Fehlende Organisation	85
Fehler im Krisenmanagement	95
Unzulängliche Unternehmenskultur	96
Falsches Führungshandeln	109
Stichwortverzeichnis	126

Vorwort

Managementfehler passieren häufig, ja täglich. Diesen Eindruck gewinnt man zumindest, wenn man den Wirtschaftsteil der Zeitung liest. Natürlich: Niemand ist vor Fehlern gefeit. Auch Führungskräfte nicht. „Ohne unsere Fehler sind wir Nullen", schrieb der amerikanische Schriftsteller Arthur Miller. Doch gerade Managementfehler wirken sich – je nach Schwere – fatal für das Unternehmen und vor allem für seine Mitarbeiter aus.

Dieser TaschenGuide zeigt Ihnen die häufigsten und die schwerwiegendsten Fehler. Damit Sie verstehen, warum wieder einmal ein Manager ins Kreuzfeuer der Kritik gerät. Aber natürlich nützen Ihnen die vorgestellten Fallbeispiele auch als Führungskraft, weil wir bekanntlich am besten aus den Fehlern anderer lernen. Ich erzähle Ihnen deshalb in diesem Buch, kurze – natürlich fiktive, aber stark an die Realität „erinnernde" – Geschichten über Manager und ihre Fehler. Und natürlich biete ich Ihnen prägnante Fehleranalysen, Diagnosen und Therapievorschläge.

Aus Fehlern wird man klug. Aber Sie müssen nicht alle Fehler selber machen. In diesem Sinne wünsche ich Ihnen eine lehrreiche und unterhaltsame Lektüre.

Prof. Dr. Christian Zielke

Die Unternehmen und die Führungskräfte

Im Tagesgeschäft besteht selten Gelegenheit, die eigene Arbeit als Manager selbstkritisch zu überprüfen. Doch auch dies gehört zu den Aufgaben eines Managers. Gute Manager denken öfters nach – und zwar, bevor sie handeln. Peter Busch, eine junge Führungskraft, findet während seines Urlaubs auf Mallorca unvermutet die Gelegenheit zu einem zwanglosen und anregenden Erfahrungsaustausch mit zwei Kollegen aus anderen Unternehmen.

Drei Manager auf Mallorca

An einem schönen Sommerabend saß Peter Busch in einer Taverne auf Mallorca bei seinem Lieblingswein. Vor ihm lag ein Artikel aus dem Handelsblatt: „Deutschen Managern fehlt der Durchblick!" Interessiert beugte sich seine Nachbarin über den Artikel: „Lassen Sie mal lesen – Studie über die größten Managementfehler – 44 Prozent aller Produktivitätsverluste sind in deutschen Unternehmen auf mangelnde Planung und Steuerung des Managements zurückzuführen."

„Das kann ich gar nicht glauben", wandte ein Tischnachbar ein. Die angegebene Prozentzahl kann nicht stimmen. Es müssten mehr sein." – „Das meine ich auch", gestand die Nachbarin ein. „Wenn ich allein die Fehler in der Unternehmenskommunikation und Motivation berücksichtige, müssten die Produktivitätsverluste im Management bei über 63 Prozent liegen." – „Ich erhöhe auf 74 Prozent", setzte Peter Busch hinzu. „Es sind ja nicht nur direkt messbare Produktivitätsverluste, die das Unternehmen in eine Schieflage bringen. Hinzu kommt die mangelhafte Bewältigung von Krisen. Ganz abgesehen von den fehlenden Managementqualitäten der Führungskräfte." „Anscheinend sprechen Sie aus Erfahrung", bemerkte der Tischnachbar. „Vielleicht sollten wir einander ganz kurz vorstellen. Wenn Sie nichts dagegen haben, beginne ich."

Die Passage und Paul Schmidt

„Ich bin Paul Schmidt, 54 Jahre alt, und habe mein Leben lang in dem Warenhaus *Die Passage* gearbeitet. Als Lehrling erlebte ich den Aufstieg des Unternehmens von einem Düsseldorfer Stadtgeschäft zu einer großen Filialkette mit Schwerpunktstandorten in München, Berlin und Köln. Das schnelle Wachstum wurde begünstigt durch unser außergewöhnliches Konzept: ein großflächig angelegtes Warenhaus mit Fachgeschäftscharakter. In den Bereichen Sport, Mode, Haushalt, Technik und Feinschmecker wurden wir rasch zu einer ernst zu nehmenden Konkurrenz des Einzelhandels und konnten uns sehr gut in den Innenstädten etablieren. Nach meiner Lehre als Einzelhandelskaufmann war ich einige Jahre als Verkäufer und dann als Leiter verschiedener Abteilungen tätig, bevor ich die Leitung der Filiale in Nürnberg mit 320 Mitarbeitern übernahm.

In den letzten Jahren geriet das Unternehmen in wirtschaftliche Schwierigkeiten. Durch die Einführung des Euro sank die Kaufkraft der Kunden, und zugleich stieg die Bedeutung der Discounter, mit denen wir nicht mehr mithalten konnten. Wegen der schlechten Ertragslage sollen in den nächsten Monaten mehrere Filialen in Deutschland geschlossen und tausende Angestellte entlassen werden. Ich bin froh, dass man mir aufgrund meines Alters noch die Möglichkeit einer Frühpensionierung angeboten hat."

„Da haben Sie noch einmal Glück gehabt", warf die Tischnachbarin ein und stellte sich vor.

Handy und Simone Müller

„Mein Name ist Simone Müller. Ich bin 32 Jahre alt und arbeite in einer großen deutschen Firma der Elektrotechnik und Elektronik. Der traditionsreiche Konzern hat sich unter anderem auf die Gebiete Information und Kommunikation spezialisiert. In der mittelständischen Tochtergesellschaft *Handy* werden mobile Telefone hergestellt und Softwarelösungen für Mobilfunknetze entwickelt. In diesem Spin-off arbeite ich als Vertriebsleiterin, zuständig für den bundesweiten Vertrieb der firmeneigenen Mobiltelefone an die Netzwerkbetreiber. Ein kleines Team von fünf Mitarbeitern unterstützt mich.

In der Anfangszeit gehörte das Unternehmen wegen seiner deutschen Traditionsmarke und seines hohen technischen Standards zu den Marktführern. Der Handymarkt florierte, und das Unternehmen schrieb schwarze Zahlen. Aufgrund der guten Ergebnisse hat man mir in Aussicht gestellt, später die Verantwortung für den Gesamtvertrieb eines Geschäftsbereichs zu übernehmen. Doch aus den ehrgeizigen Plänen wurde nichts. Überraschenderweise gingen die Umsatzzahlen zurück, obwohl die Konkurrenzunternehmen steigende Gewinne machten. Nun droht der Verkauf an einen ausländischen Hersteller. Wenn ich aus dem Urlaub komme, weiß ich nicht, in welchen Unternehmen ich dann tätig sein werde und ob mein Arbeitsplatz noch sicher ist." – „Da sind doch bestimmt einige schwere Managementfehler passiert", sinnierte Peter Busch und nutzte die Gelegenheit, um sich vorzustellen.

Nascar und Peter Busch

„Ich heiße Peter Busch und bin 26 Jahre alt. Nach einer kaufmännischen Lehre habe ich Betriebswirtschaftslehre studiert und ein Traineeprogramm in der Automobilindustrie bei der Firma *Nascar*, einem der führenden Automobilherstellers Europas, absolviert. Wir gehören zu einem amerikanischen Konzern mit Headquarter in Dallas. In Deutschland stellt *Nascar* Autos der gehobenen Klasse und auch der Mittelklasse her. An den Produktionsstandorten Hamburg und Berlin arbeiten 23 000 Mitarbeiter.

Im Laufe meines Traineeprogramms lernte ich zunächst die Produktion kennen, danach den Einkauf, die Logistik und schließlich das Personalwesen. Meine letzte Station war das Referat Konzernentwicklung; hier leite ich nun als Nachwuchsführungskraft ein Sonderprojekt, das sich mit der Standortsicherheit in Deutschland beschäftigt.

Wie lange ich bei *Nascar* bleiben werde, ist unklar. Das Unternehmen befindet sich momentan in einer wirtschaftlichen Krise. Obwohl die deutsche Konkurrenz in ihrem gehobenen Preissegment Rekordgewinne verzeichnet, sind die Umsatzzahlen für unsere Modelle stark rückläufig. Angesichts der Verluste von mehreren Millionen Euro denkt der amerikanische Konzern über die Schließung der Produktionsstandorte in Deutschland nach."

„Wer da wohl einen Fehler gemacht hat?", fragte sich Paul Schmidt und machte einen Vorschlag.

Die Wette

„Bei so viel Managementerfahrung wird es doch ein Leichtes sein, die Studie über Managementfehler um konkrete Erlebnisse zu ergänzen", sagte Paul Schmidt. Er griff zu Stift und Papier und erstellte eine lange Liste mit über 50 Punkten. „Wer zuerst die Liste vervollständigt, bekommt eine Flasche Rotwein geschenkt, die mit allen an diesem Abend geteilt wird." „Das ist eine gute Idee", stimmte Simone Müller zu. „Doch lasst uns systematisch vorgehen. Nach welchen Aspekten könnten wir denn die Fehler ordnen?" „Da wären die Fehler in der Unternehmensführung", erklärte Peter Busch. „Das, was die da oben falsch machen, lässt sich unten nicht so schnell richtig stellen." – „Zudem haben die Mitarbeiter im mittleren und unteren Management auf die Fehler des Topmanagements keinen Einfluss", ergänzte Paul Schmidt. „Doch auch die einzelnen Führungskräfte machen Fehler. Man denke nur an mangelnde Führung und schlechte Kommunikation. Ganz zu schweigen von der fehlenden Arbeitsorganisation." – „Und dann noch das schlechte Krisenmanagement", fügte Simone Müller hinzu. Peter Busch notierte zusammenfassend die folgenden Kategorien:

1 Fehler in der Unternehmensführung,
2 Fehler bei den Führungskräften,
3 Fehler im Krisenmanagement.

„Das sind drei Themen und drei Flaschen Wein für diesen Abend", sagte er und lehnte sich zufrieden zurück.

Fehler in der Unternehmensführung

„Beginnen wir mit den Fehlern in der Unternehmensführung", schlug Peter Busch vor. „Die Aufgaben des Managements umfassen die Strategiebildung sowie die Planung, Steuerung und Kontrolle." In einem kurzen Brainstorming sammelten die drei Manager eine Reihe von Stichworten. Anschließend fragte Peter Busch in die Runde: „Also los! Wie sehen unsere Erfahrungen aus?"

Strategische Mängel

Fehlende Strategie

„Die Geschäftsführung in Düsseldorf brauchte sich in den Boomjahren kaum um strategische Fragen zu kümmern", berichtete Paul Schmidt. „*Die Passage* hatte sich in deutschen Innenstädten als Einkaufszentrum etabliert und machte selbst den kleinen Fachgeschäften erfolgreich Konkurrenz. In diesen Jahren gab es eine Strategie des Wachstums: Jedes Jahr wurden fünf bis sieben Filialen eröffnet. In der Geschäftsführung saßen vom Wachstum verwöhnte Manager, die sich um ihre Zukunft keine Sorgen machten.

Von den großen Discounterläden, die am Stadtrand eröffnet wurden und die Innenstädte langsam ausdörrten, wollte man nichts wissen. In einer ruhigen Stunde fragte ich unsere Geschäftsführung: ‚Was machen wir, wenn wir die sich anbahnenden Verluste nicht mehr geschickt in den Bilanzen verstecken können?' – ‚Ich weiß es nicht', antwortete er. ‚Mein Fünfjahresvertrag als Geschäftsführer läuft in drei Jahren aus. Bis dahin werde ich versuchen, die Marktanteile zu halten und keine noch größeren Verluste zu schreiben. Danach muss sich mein Nachfolger um das Problem kümmern. Wie er vorgehen soll, kann ich nicht sagen. Ich weiß nur, dass er anders denken und handeln muss als das Management, das wir momentan haben.' Die erforderliche strategische Ausrichtung hat *Die Passage* in den nächsten Jahren nicht gefunden. Damit leitete man das Ende der Unternehmensgeschichte ein."

Therapie: Strategische Risiken ins Auge fassen

„Wer nicht weiß, wohin er will, dem ist kein Wind recht."
Wilhelm von Oranien, König von England, Schottland und Irland, 1650–1702

Ein Unternehmen sollte sich auch in guten Zeiten um die folgenden wichtigen Bereiche kümmern, um unnötige Risiken zu vermeiden:

Bereiche	Risiken
Internationalität	Zu spätes Ausrichten auf internationale Geschäftsfelder
Volkswirtschaft	Nichterkennen einer demografischen Veränderung
Finanzlage	Verschlechterung der Zahlungsfähigkeit – zu lange Geldeingangsdauer
Konkurrenten	Neue Wettbewerber, Änderung der strategischen Ausrichtung, Konzentrationsprozesse
Lieferanten	Änderung der Bezugspreise für Energie, Rohstoffe und Dienstleistungen, Insolvenz wichtiger Lieferanten
Kunden	Kundenverhalten gegenüber kritischen Trends, Verkennung von Marktveränderungen, Konzentrationsprozesse
Absatzhelfer / Absatzmittler	Konzentrationsprozess, Untreue/Betrug, Einbindung neuer Absatzhelfer
Kapitalgeber	Veränderungen bei Eigen- und Fremdkapitalgebern
Auftragslage	Rückgang der Auftragsreichweite
Innovation	Veralten des Produktionsprogramms

Mangelnde Kundenorientierung

„Unser Geschäftsführer war ein genialer Entwickler", berichtete Simone Müller. „Jahrelang leitete er die Entwicklungsabteilung, bevor er in die Geschäftsführung aufstieg. Noch heute schlägt sein Herz für die Entwicklung von Mobiltelefonen. Einmal schlug er dem Führungskreis seine neueste Innovation vor: ein Windows-Programm für Handys, das während des Telefongesprächs automatisch ein Virenscannprogramm durchlaufen lässt. Die Gesprächsqualität werde dadurch zwar ein wenig verringert, aber dies sei eben der Preis für die Einführung neuer Technologien.

Mein neuer Vertriebsmitarbeiter Anton Huber, der unseren Geschäftsführer noch nicht kannte, wandte ein, dass die Kunden dies nicht bräuchten. Wir hätten damals schon die Umstellung auf Farbdisplays versäumt und über ein halbes Jahr gebraucht, um mit der Konkurrenz mitzuziehen. Viel wichtiger sei es, sich um die automatische Spracherkennung zu kümmern, die bei den Kunden momentan sehr nachgefragt sei. Damit könnten wir unseren Umsatz verdreifachen.

Der Geschäftsführer fühlte sich persönlich angegriffen und reagierte äußerst empört. Was fiele ihm ein, als neuer Vertriebsmitarbeiter seiner Entwicklungsabteilung Vorschriften machen zu wollen. Die Entwicklungsabteilung sei das Herzstück und der Motor des Unternehmens. Kein anderes Unternehmen der Telekommunikation melde so viele Patente an wie *Handy*. Ohne die Entwicklungsabteilung gäbe es auch keinen Vertrieb. Und außerdem sei dies wohl nicht die richtige Art, mit einem Geschäftsführer zu sprechen."

Diagnose: Kennen Sie Ihre Kunden?

> „Vergisst du den Kunden, so hat er dich bereits vergessen."
> Heinz M. Goldmann, Unternehmensberater, *1919

Die folgende Checkliste umfasst zwölf Fragen. Die Antworten auf diese Fragen geben wertvolle Hinweise auf die Kundenorientierung Ihres Unternehmens und auf Ansatzpunkte zu ihrer Stärkung.

Checkliste: Kundenorientierung

- Kennen Sie die zentralen Probleme, die Ihre Kunden derzeit beschäftigen, und gehen Sie auf sie ein?
- Sehen Sie sich als Dienstleister, Problemlöser und Partner des Kunden?
- Stellen Sie eine persönliche Beziehung zu Kunden her?
- Überprüfen Sie mindestens einmal jährlich die Zufriedenheit Ihrer Kunden?
- Werden Beschwerden von Kunden aktiv eingefordert und für das Unternehmen gewinnbringend bearbeitet?
- Bearbeiten Sie Reklamationen souverän und schlagen Sie schnell Lösungswege ein?
- Wissen Sie, aus welchen Gründen die Kunden bei Ihnen kaufen? Kennen Sie die Bedürfnisse Ihrer Kunden?
- Ist in Ihrem Unternehmen bekannt, mit welchen Kunden Sie den meisten Umsatz machen und welche Kunden eher belasten?

- Genießen besonders gute Kunden und Stammkunden bei Ihnen Vorteile?
- Wissen Sie, was Ihre Kunden an Ihrem Unternehmen am meisten schätzen?
- Erkennen Ihre Mitarbeiter, wann und warum ein Kunde abspringen könnte, und tun sie das Richtige, um den Kunden zu halten?
- Sind die Führungskräfte im Unternehmen in der Lage, ihre Mitarbeiter zu mehr Kundenfreundlichkeit und eigenständigem Handeln zu motivieren?

Hohe Kunden- und Marktabhängigkeit

„Eines Tages", fuhr Simone Müller fort „fragte mich mein Mitarbeiter Sven morgens, ob ich schon die Zeitung gelesen hätte, und erzählte dann: ‚Max Schumann ist bei einem Verkehrsunfall tödlich verunglückt. Das ist doch der Geschäftsführer des Unternehmens *Ruf mich an*, den du bei einem Golfturnier als Großkunden gewonnen hast. Mit diesem Kunden machen wir 46 Prozent unseres Umsatzes. Wenn es nach seinem Stellvertreter gegangen wäre, hätte die Konkurrenz den Auftrag erhalten. Ich glaube, die Verhandlungen um die Vertragsverlängerung nächste Woche kannst du Dir schenken. Und übrigens stand heute in der Zeitung, dass Wolfgang Lorenz von dem Unternehmen *Bleib in Verbindung* in Frühpension gegangen ist. Diese Geschäftsverbindung bringt uns 23 Prozent des Umsatzes. Und weißt du, wer sein Nachfolger wird? Carsten Flink, den wir vor ein paar Jahren wegen einer Konjunkturflaute entlassen mussten. Der ist immer noch schlecht auf uns zu sprechen.'

An diesem Tag war mir, als würde mir der Boden unter den Füßen weggezogen. Wir wussten, dass der Telekommunikationsmarkt stark vom Konsumverhalten des Kunden und der Innovationsbereitschaft des Unternehmens abhängt. Darauf haben wir immer geachtet. Um den Weg des geringsten Widerstands zu gehen, konzentrierten wir uns bewusst auf wenige, aber gute Kunden. Es ist leichter, sich auf zwei Großkunden zu beschränken, als sich um zehn Kleinkunden zu kümmern. Doch an diesem Tag musste ich feststellen, dass diese Strategie nicht aufging."

Diagnose: Großkunden, Bequemlichkeit, Ineffizienz

Es dauert oft Jahre, neue Kunden zu gewinnen – und oft wenige Sekunden, gewonnene Kunden wieder zu verlieren.

Für ein Unternehmen ist es verlockend, sich auf Großaufträge zu konzentrieren, mit denen es jahrelang ausgelastet ist. Dann braucht es sich um den Markt nicht mehr zu kümmern. Doch damit steigt das Risikopotenzial. Aufgrund einer neuen strategischen Ausrichtung können Kunden plötzlich andere geschäftliche Aktivitäten entfalten und sich von alten Geschäftsfeldern verabschieden. Oder sie müssen Konkurs anmelden. Oft sind es die persönlichen Kontakte zwischen den Entscheidungsträgern, die geschäftliche Beziehungen ermöglichen und aufrechterhalten. Wie schnell hingegen können sich durch Firmenübernahmen, Fusionen oder Umstrukturierungen die Machtverhältnisse verändern, so dass die Beziehungen von heute morgen nichts mehr bedeuten.

Der Preis, den das Unternehmen hierfür zahlt, ist nicht nur die Abhängigkeit von einem oder wenigen Kunden. Mit der vermeintlich sicheren Geldquelle halten auch die Bequemlichkeit und ein gefährliches Sicherheitsdenken im Unternehmen Einzug. Dort, wo der harte Wettbewerb am Markt fehlt, braucht man nicht immer wieder neu nachzudenken – über sein Produkt, den Kunden und die Preise. Kosten können sicher kalkuliert und Prozesse brauchen nicht mehr hinterfragt zu werden. Damit steigt leicht die Ineffizienz im Unternehmen. Wenn dann die entscheidenden Großkunden abwandern, kann es Jahre dauern, um neue Kundenbeziehungen aufzubauen.

Fehleinschätzung des Marktes

„Mit der Neubesetzung unseres Vorstands kamen auch neue Ideen in den Konzern", meldete sich nun Peter Busch zu Wort. „Der neue Vertriebschef wollte mit der Marke *Nascar* in ein neues Marktsegment vordringen. In seiner Antrittsrede behauptete er, es gebe ein riesiges Marktpotenzial bei den Luxusautos. Es sei nicht einzusehen, warum *Nascar* diesen Markt traditionsgemäß der Konkurrenz überlasse. Es müsse möglich sein, Automobile der Luxusklasse herzustellen, die konkurrenzfähig sind. Und tatsächlich gelang es uns, ein Auto in Serie zu bringen, das technisch wesentlich weiter entwickelt war als die Luxusautomobile der anderen Marken. Von außen sah man es den Modellen nicht an. Man musste sich schon hineinsetzen, um ein Gefühl für den Fahrkomfort zu bekommen. Sehr viele technische Funktionen erschlossen sich dem Fahrer erst auf den zweiten Blick. Dafür war der Wagen etwas schwerer als die Luxuswagen der Konkurrenz, mithin der Verbrauch etwas höher.

Zu unserer Überraschung trauten sich viele Kunden nicht, mit dem Auto eine Probefahrt zu unternehmen. Für Autofahrer der bisherigen Nobelmarken war das Modell noch zu neu auf dem Markt. Einige wollten erst abwarten, bis sich das Auto auf dem Markt etabliert hatte. Andere wollten nicht in einem Luxusauto sitzen, welches auf der Kühlerhaube das Markenzeichen eines Mittelklassewagens trug. Für viele unserer bisherigen *Nascar*-Kunden war das Fahrzeug zu teuer. Andere waren verunsichert, weil sie sich mit der Marke nicht mehr identifizieren konnten."

Diagnose: Erfolgreich am Markt vorbei

Bei nicht kundenorientierten Unternehmen bestimmen die Unternehmenskultur, die Hierarchien und die Organisationsstruktur die Ausrichtung des Unternehmens. Dadurch ergeben sich Firmenziele oder Sachzwänge, die die Produktpolitik bestimmen oder beeinflussen. Die Meinung der Käufer und Kunden ist zwar gefragt. Aber deren Wünsche und Bedürfnisse, deren Anforderungen an die Produkteigenschaften legen die Verantwortlichen in den Chefetagen fest. Weitere Hindernisse bei der Ausrichtung auf Zielmärkte sind

- die fehlende innerbetriebliche Geschlossenheit von Produktmarketing, Vertrieb und Entwicklung;
- unzureichende Kommunikation und mangelndes gegenseitiges Verständnis für die jeweiligen spezifischen Aufgaben und Bedürfnisse. Hierdurch rücken die je eigenen Zielsetzungen stark in den Vordergrund;
- die Isolation der Abteilungen. Sie ist mit dem zuvor genannten Aspekt eng verbunden und verhindert oder reduziert eine gemeinsame Orientierung auf Kunden und Zielmärkte. Dieser Prozess wird durch die Zuordnung von Verantwortung und Kompetenzen zu Hierarchieebenen noch verstärkt.

Die wichtigsten Voraussetzungen für die Ausrichtung des Unternehmens auf die Zielmärkte sind: Neudefinition des Marketings, Information über Markt und Kunden in allen Bereichen des Unternehmens und die Anpassung von Organisationsstruktur und Hierarchieebenen.

Fehlende Innovationen

„Neulich hatte ich eine hervorragende Idee", setzte Peter Busch seinen Bericht mit einem neuen Thema fort. „Es ging um eine Innovation für den Treibstoff von *Nascar*-Autos. Unser Unternehmen hatte es versäumt, rechtzeitig von Super- auf Dieselfahrzeuge umzustellen. Dadurch verloren wir erhebliche Marktanteile. Doch angesichts der steigenden Rohölpreise und der zunehmenden Steuerbelastung von Dieselautos stieß ich auf eine lohnende Alternative. Auf dem mehrseitigen Antragsformular für die Einreichung von Verbesserungsvorschlägen gab ich das Stichwort Rapsöl ein. Es dauerte ewig, bis ich als Nichtfachmann in Sachen Motortechnik darlegen konnte, warum der Vorschlag sinnvoll war, welchen Nutzen er haben würde und welche Kosten dadurch eingespart werden könnten.

Drei Monate später erhielt ich von unserer Abteilung Innovationsmanagement einen Antwortbogen zusammen mit einem Gutachten des Innovationsausschusses. Darin stand, dass mein Vorschlag technisch zwar durchführbar, jedoch wirtschaftlich nicht sinnvoll sei. Jede Innovation müsse sich nach mindestens sechs Monaten rechnen. Hiervon könne man bei der Einführung von Rapsölmotoren nicht ausgehen. Der Vorschlag verstoße daher gegen eine Innovationsrichtlinie und sei folglich nicht ernsthaft in Betracht zu ziehen. Ich fing an zu begreifen: Wir wollen Innovationen, am liebsten mit einer Versicherungspolice."

Diagnose: Erfolgsfaktoren für Innovationen

Der Fortschritt geschieht heute so schnell, dass, während jemand eine Sache für gänzlich undurchführbar erklärt, er von einem anderen unterbrochen wird, der sie schon realisiert hat." Albert Einstein, deutscher Physiker, 1879–1955

Erfolgreiche Innovationen gehen auf drei Faktoren zurück: Unternehmen, Führungskräfte und Mitarbeiter. Die Antworten auf die folgenden Fragen geben Hinweise darauf, wie es in einem Unternehmen um die genannten Erfolgsfaktoren bestellt ist.

- *Erfolgsfaktor Unternehmen*: Wer entscheidet, ob Ideen umgesetzt oder abgelehnt werden? Wer ist Ansprechpartner für die Mitarbeiter? Werden gute Ideen gewürdigt?
- *Erfolgsfaktor Führungskräfte*: Wie wird mit den Vorschlägen der Mitarbeiter umgegangen? Nehmen die Vorgesetzten die Mitarbeiter ernst? Fördern sie kreative Ideen der Mitarbeiter? Wird eine sachliche, kritische Haltung gern gesehen?
- *Erfolgsfaktor Mitarbeiter*: Sind sie bereit, Ideen einzubringen? Wissen die Mitarbeiter, wen sie mit Verbesserungsvorschlägen ansprechen können? Sind sie zufrieden mit der Anerkennung ihrer Vorschläge?

Therapie: Anreize für Innovationen

Die vier folgenden Maßnahmen sind geeignet, um ein innovationsfreundliches Klima im Unternehmen zu schaffen:

- Ideenwettbewerbe, bei denen der beste eingebrachte Vorschlag besonders belohnt wird;
- Verlosungen unter Mitarbeitern, die Verbesserungsvorschläge einreichen;
- Ranglisten der Mitarbeiter, die die meisten oder besten Vorschläge eingebracht haben;
- Präsente für die ersten zehn eingereichten Vorschläge, unabhängig von der Prämierung.

Leichtfertige Standortwahl

„Wenn unsere Konkurrenz erfolgreich im Ausland herstellt, gehen wir auch dorthin, meinte unsere Geschäftsführung", wusste Peter Busch zu berichten. „So eröffneten wir eine Produktion in Ungarn und eine in China.

In Ungarn produzierten wir zunächst sehr erfolgreich. Die Löhne waren sehr niedrig, und unser Werksleiter freute sich, dass die Arbeiter auch ohne Arbeitsvertrag tätig wurden. Dann kam der Sommer und mit ihm die Erntezeit. Die Mitarbeiter in der Produktion blieben zu Hause, um die Felder zu bestellen. Das neue Werk stand leer, und die Produktion fiel aus. In China war es anders. Wir wussten, dass die Löhne an der Ostküste innerhalb der letzten fünf Jahre von einem Dollar auf zehn Dollar gestiegen waren, und bauten daher ein Werk im Landesinneren. Dort betrug der Tageslohn noch einen Dollar. Wir bildeten die Mitarbeiter gut aus, bis eines Tages das Konkurrenzunternehmen *Four Wheels* ein Werk am selben Standort eröffnete. Einige Zeit später stand unser Werksleiter vor der menschenleeren Produktionshalle. Es dauerte eine Weile, bis er den Grund herausfand: Die gut ausgebildeten Mitarbeiter arbeiteten jetzt bei der Konkurrenz, und zwar nicht mehr für einen Dollar, sondern für zwei Dollar am Tag. Vielleicht verlagern wir unsere Produktionsstätten wieder nach Deutschland."

Therapie: Bewusste Standortentscheidung

> *Märkte sind wie Fallschirme: Sie funktionieren nur, wenn sie offen sind."*
> Helmut Schmidt, ehemaliger deutscher Bundeskanzler, *1918

Folgende Aspekte können bei der Standortwahl erfolgsentscheidend sein:

- Kosten der Produktionsfaktoren,
- Umstände der Markterschließung,
- Nähe zu Großkunden,
- Steuern/Abgaben/Subventionen,
- Verfügbarkeit von qualifiziertem Personal,
- Präsenz der Konkurrenz,
- Koordinations-/Kommunikations-/Transportkosten,
- lokale Auflagen,
- Kapazitätsengpässe,
- Infrastruktur,
- Technologieerschließung,
- Währungsausgleich.

Bedenken Sie: Eine Standortverlagerung dauert von der Planung bis zur Umsetzung drei bis fünf Jahre. Zwischenzeitlich können sich die Umstände vor Ort geändert haben. Oft werden darüber hinaus die interkulturellen Unterschiede unterschätzt, die sich nicht nur in Produktion und Entwicklung, sondern auch im Vertrieb und in der Personalführung auf den Unternehmenserfolg auswirken können.

Unbedachte Käufe

„Der Vorstandsprecher der *Passage* hatte ein besonderes Steckenpferd", verriet Paul Schmidt, „sein Lieblingsthema lautete: Wachstum und Erhöhung der Marktanteile. Hierzu war ihm jede Idee willkommen.

Die Marktbeobachtung ergab, dass die beiden Unternehmen *Wohn in* und *Dress out* ideal zur *Passage* passen könnten. Beide agierten bundesweit und hatten im Gegensatz zur *Passage* ihre Filialen jeweils am Stadtrand in den Gewerbegebieten errichtet. Bei *Wohn in* handelte es sich um eine bekannte Möbelmarktkette, die vorwiegend Produkte im Niedrigpreissegment anbot. Mit dem Aufkauf des Unternehmens wollte die *Passage* ihre bestehende Produktpalette von Sport, Mode, Haushalt, Technik und Feinschmecker um Möbel ergänzen und nun auch im Großhandel Fuß fassen. Der Möbelmarkt war rückläufig und der Kaufpreis daher günstig. Das Modehaus *Dress out* richtete sich an modebewusste, kaufkräftige Familien, die vorzugsweise Markenartikel einkaufen und von dem Mengenrabatt für Familien profitieren wollen. Von dem Erwerb von *Dress out* versprach man sich nicht nur eine Erhöhung der Marktanteile, sondern auch die Erschließung einer neuen Kundengruppe. Um zu expandieren, bot man dem familiengeführten Unternehmen sogar einen Preis an, der weit über dem Marktwert lag."

Diagnose: Klassische Expansionsfehler

> *„Ein Hund, der viele Hasen jagt, fängt letztlich keinen."*
> *Jägerweisheit*

Unüberlegte Expansionen führen oft ins finanzielle Desaster:

- Es wird in rückläufigen Märkten expandiert, die zudem zur Konzentration tendieren.
- Marktanteile werden teuer erkauft.
- Nach der Expansion fehlt die Finanzkraft, um Fehler zu beheben, die Integration zum Ziel zu führen und gleichzeitig das profitable Kerngeschäft zu entwickeln.
- Zur Marktexpansion werden zu viele schwache Unternehmen gekauft, die nie ein zufrieden stellendes Renditeniveau erreichen. Aufgrund des Preisdrucks verschlechtert sich die Ertragsqualität, und unter dem zusätzlichen Mengendruck gehen Preis und Menge oft gleichzeitig zurück.
- Das Zweitgeschäft ist manchmal nur der Rest einer stecken gebliebenen Expansion. Es wird zur ewigen Verlustquelle, die nicht oder viel zu spät eingestellt wird.
- Die Notwendigkeit einer Portfoliobereinigung und Konzentration auf profitable Geschäfte wird zu spät erkannt.

Anstelle von Expansionen können auch geschickte Kooperationen sinnvoll sein. Die Bündelung von Kräften erhöht nachhaltig die Durchschlagskraft eines Unternehmens und ist somit immer erfolgreicher als Konkurrenz und Wettbewerb.

Sinnlose Fusionen

„Neulich besuchte ich meinen Kollegen bei der Elektrofirma *Deutsche Tradition*", berichtete Simone Müller. „Herr Erdmann arbeitet bei einer Tochtergesellschaft unseres Konzerns, die vor fünf Jahren mit der amerikanischen Softwarefirma *The Progress* fusionierte.

‚Mach die Tür zu', begrüßte er mich. ‚Wir sind hier unter uns. Ich mag die Typen in Turnschuhen und Polohemden nicht, die laut pfeifend durch die Flure schlendern. Früher war die Welt noch in Ordnung. Wir legten großen Wert auf Stil und Etikette. Die Mitarbeiter trugen dunkle, dezente Farben und unterhielten sich in den Fluren nur leise. Wir hatten Einzelbüros und waren es gewohnt, morgens um 9 Uhr zu kommen und pünktlich gegen 17 Uhr zu gehen.

Damals, als wir die Amerikaner aufkauften, wollten wir nur das Know-how der Softwareexperten aus Kalifornien. Das war für uns als Elektrounternehmen strategisch sinnvoll. Als Zeichen für die Integration besetzten wir einen der drei Vorstandsposten mit einem Amerikaner. Obwohl wir Deutschen die Mehrheit haben, scheint sich die amerikanische Kultur durchzusetzen. Jetzt haben wir den Mitarbeiter des Monats, Englisch als Unternehmenssprache und eine einheitliche Firmenuniform. Von den Meetings am Samstagnachmittag ganz zu schweigen. Doch solange die Tür zu ist, sind wir unter uns.'"

Diagnose: Trugschluss Fusionsvorteile

> *Um eine Kultur zu schaffen, genügt es nicht,*
> *mit dem Lineal auf die Finger zu klopfen."*
> Albert Camus, französischer Schriftsteller, 1913–1960

Fusionen und Übernahmen sind kein Allheilmittel gegen eine schlechte Geschäftslage. Durch die geplanten Synergieeffekte sollen langfristig die Kosten gesenkt, die Gewinne erhöht und die Probleme in der eigenen Organisation gelöst werden. Doch das Zusammenfügen von Unternehmen oder Unternehmensteilen, die nicht harmonieren, kann fatale Folgen haben: Nach unbedachten Fusionen steigen die Kosten, sinken die Leistungen, leidet die Qualität und verfallen die Erträge. Eine Fusionsentscheidung allein auf der Basis von Kennzahlen und Analysen aus dem Finanzcontrolling ist trügerisch: Die ermittelten Kennzahlen sind häufig nicht vergleichbar, obwohl sie denselben Namen tragen. Derartige Zahlenwerke vermitteln häufig Scheingenauigkeiten. Und: Unternehmen sind nicht nur über Controllingzahlen zu er fassen. Die Menschen, die ein Unternehmen ausmachen, werden zu wenig beachtet. Andererseits sind griffige und inhaltlich sorgfältig abgegrenzte Kennzahlen unverzichtbar.

Um die Unternehmenskultur zu erfassen, sollte man die Mitarbeiter fragen. Sie wissen mehr über das Unternehmen, seine Eigenarten und Probleme sowie deren Ursachen, als die Leitung. An der Basis erfahren Sie, welche Unternehmenskultur existiert, und nicht nur, welche man sich in der Chefetage wünscht.

Mangelnde Planung

Realitätsferne Planung

„Positives Denken kann gefährlich werden", wusste Simone Müller zu erzählen. ‚Wir müssen investieren', stellte unser Finanzchef fest. ‚Wir haben eine aktuelle Anfrage von dem Netzwerkbetreiber *Flatrate*. Er ist an unserem Prototypen YZ interessiert, den wir exklusiv für ihn herstellen sollen. Das Modell ist zwar noch in der Entwicklung. Aber mit ein paar Überstunden werden wir es in zwei Monaten bis zur Serienreife bringen. Leider ist unsere Produktion ausgelastet. Aber unsere Tochtergesellschaft in Ungarn hat noch Kapazitäten. Allerdings müssten deren Halle vergrößert und neue Maschinen gekauft werden. Die geschätzten Kosten belaufen sich auf etwa 200 000 Euro. Hierzu nehmen wir ein kurzfristiges Darlehen auf. Wenn sich das Geschäft weiterhin so entwickelt wie in den letzten Jahren, wird das Geld schneller reinkommen, als wir es ausgeben können.'

Und dann kam alles anders: Die Entwicklung des Prototypen zog sich hin. Bei der Planung hatten wir die Ferienzeit übersehen. Die meisten Entwickler fuhren mit ihren Familien in die Sommerferien. Danach fehlten uns wichtige Zubehörteile, weil das Werk eines spanischen Zulieferers bestreikt wurde. Durch die Verzögerungen stiegen die Kosten, und mit den Einnahmen war erst viel später zu rechnen. Dann stellte sich heraus, dass die ganze Planung umsonst gewesen war. Der Finanzchef hatte eine unverbindliche Anfrage mit einem konkreten Angebot verwechselt. Die Aktion kam uns teuer zu stehen."

Therapie: Frühwarnindikatoren

Nur eine realistische Planung schützt vor unangenehmen Überraschungen. Dabei können für eine gute Risikoeinschätzung die in der folgenden Tabelle genannten Bereiche wichtig werden:

Gesamtwirtschaftliche Lage	Konjunkturindizes, Arbeitsmarkt, Außenhandel, Wechselkurse
Soziales Umfeld	Bevölkerungswachstum/-struktur, Arbeitslosenzahl
Politische Gegebenheiten	Gesetzesvorhaben, Stabilität des politischen Systems
Technische Entwicklungen	Innovationen, Veränderungstendenzen der Produktions- und Verfahrenstechnologien
Beschaffungslage	Beschaffungspreise und -konditionen, Angebotsvolumen, Qualitätsniveau
Kundenverhalten	Auftragseingänge, Bestell- und Kaufverhalten der Kunden, Reklamationsraten, Image der eigenen Produkte
Umweltbereich	Umweltverträglichkeit der Produkte, Einsatzstoffe und Produktionsverfahren
Produktionsbereich	Auslastung, Lagerbestände, Ausschussanteil, Outputveränderungen
Konkurrenzverhalten	Preis- und Programmpolitik der Konkurrenz, Image der Konkurrenzprodukte

Unterschätzter Finanzierungsbedarf

„Ich kann mich noch gut daran erinnern, wie wir nach der Öffnung der Grenzen in den neuen Bundesländern zahlreiche Filialen eröffnen wollten", erzählte Paul Schmidt. „Ich war für den Aufbau der *Passage* in Erfurt verantwortlich. Wir hatten ein geeignetes Grundstück in der Innenstadt gefunden, einen Architektenwettbewerb ausgeschrieben und die Kostenvoranschläge für die Fertigstellung des Einkaufszentrums erhalten. Danach lagen wir bei einem benötigten Startkapital von 11,3 Millionen Euro.

Lange Zeit war nicht klar, ob uns die Konzernzentrale das veranschlagte Budget genehmigen würde. Wir hatten großzügig kalkuliert, weil wir wussten, dass der Konzern mit Budgetzusagen sehr vorsichtig war. Auf die Finanzplanung des Konzerns konnten wir uns nicht verlassen. Aufgrund der Turbulenzen am Markt waren immer wieder kurzfristige Investitionen nötig, um Restrukturierungen oder Firmenaufkäufe durchzuführen. Zugesagte Budgets für langfristige Vorhaben wurden dann kurzfristig gestoppt.

Als wir dann die Zusage für den Bau des Einkaufszentrums erhielten, machten wir bei den Ausschachtungsarbeiten eine unangenehme Entdeckung: Auf dem Grundstück lagen chemische Altlasten, deren Entsorgung zusätzliche Kosten verursachte. Zudem hatten wir bei unseren Budgetplanungen die Unterhaltskosten für das Gebäude nicht berücksichtigt. Nicht nur der kurzfristige Finanzierungsbedarf, sondern auch die langfristige Zinsbelastung bereitete uns Sorgen."

Diagnose: Fehlkalkulation

Es gibt eine Vielzahl von Gründen, die immer wieder zu Fehlkalkulationen des Finanzierungsbedarfs führen:

- Manchmal wird bei Investitionen der Kapitalbedarf nur grob überschlagen. Wichtige Positionen werden übersehen. Häufig bleibt der Bedarf an Betriebsmitteln unberücksichtigt, wie zum Beispiel die Kosten für Büroeinrichtungen, Maschinen oder Werkzeuge. Hohe Fixkostenbelastungen werden außer Acht gelassen.
- Im Überschwang der Begeisterung für Investitionsvorhaben werden bei einer Betriebsübernahme zu hohe Kaufpreise akzeptiert.
- Finanzielle Überbelastungen versucht man durch scheinbar günstige Kreditangebote zu kompensieren.
- Oft wird die Zahlungsmoral der Kunden unterschätzt. Forderungsausfälle bleiben bei der Kalkulation außer Betracht. Waren werden bestellt, die vom Kunden noch nicht bezahlt wurden. So kommt es zu ungeplanten Außenständen, die hohe Schulden bei Lieferanten zur Folge haben und zusätzlichen Finanzierungsbedarf auslösen.
- Manchmal wird eine mögliche Diskrepanz zwischen Umsatzentwicklung und Personalkostensteigerungen übersehen.
- Aufgrund des Wettbewerbs werden Preise gesetzt, die die Kosten nicht decken. Der Kunde wird mit überzogenen Rabatten geködert. Durch die finanziellen Überbelastungen wird das Kreditlimit ständig überzogen.

Zu wenig Eigenkapital

„Der Bau der *Passage* in Erfurt war gefährdet", fuhr Paul Schmidt fort. „Wir hatten den benötigten Finanzierungsbedarf deutlich unterschätzt. Uns fehlten 3 Millionen Euro. Im Projektteam herrschte trübe Stimmung. Als Projektverantwortlicher musste ich zur Konzernzentrale nach Düsseldorf fahren und den Fehler erklären. ‚Fehler können passieren', sagte der Vorstand, ‚sehen Sie nur zu, dass sie ihn möglichst schnell wieder gutmachen!' Noch am selben Tag nahmen wir Kontakt zu unserer Hausbank auf. Wir wurden freundlich empfangen. Der Bankier witterte wohl ein gutes Geschäft. Sehr schnell kam er zu den zentralen Fragen: ‚Wie hoch ist Ihr Eigenkapital? Welche Sicherheiten haben Sie?'

Zu dieser Zeit wusste ich noch nicht viel über die finanzielle Lage des Konzerns. Die Geschäftsberichte hatte ich zwar gelesen. Aber ich war mir nicht sicher, ob die offiziellen Informationen stimmten. Unser Finanzvorstand übernahm die Gesprächsführung: ‚Wir haben einen guten Ruf und bisher immer gute Geschäftsbeziehungen zu Ihnen gehabt. Aufgrund des dynamischen Wettbewerbs mussten wir viele teure Investitionen tätigen, sodass wir kaum noch über Rücklagen verfügen und Ihnen wenige Sicherheiten geben können. Unsere Eigenkapitalquote beträgt momentan sieben Prozent.' – ‚Das ist zu wenig', erwiderte der Bankier."

Diagnose: Typische Finanzierungsfehler

„Ein Bankier ist ein Mensch, der einen Schirm verleiht, wenn die Sonne scheint, und der ihn sofort zurückhaben will, wenn es zu regnen beginnt."
Mark Twain, US-amerikanischer Schriftsteller, 1835–1910

Für die Verhandlung mit Banken bestehen in der Regel ungünstige Startbedingungen, wenn

- zu wenig Eigenkapital vorhanden ist,
- die schwache Eigenkapitalausstattung mit einem hohen Wertberichtigungsbedarf bei Beständen einhergeht,
- kaum Anlagevermögen vorhanden ist,
- keine stillen Reserven gebildet wurden,
- es keine anderen verwertbaren Sicherheiten gibt,
- aufgrund eines hohen Anteils kurzfristiger Finanzierungen das Risiko deutlich erhöht ist.

Fremdfinanzierungen können sehr teuer werden, wenn

- nicht rechtzeitig mit der Hausbank verhandelt wird,
- man aus Zeitgründen auf einen Vergleich der Konditionen und Leistungen verschiedener Banken verzichtet,
- öffentliche Finanzierungsmittel nicht rechtzeitig beantragt werden,
- die Kombinationsmöglichkeit öffentlicher Mittel nicht ausgeschöpft wird,
- die Dauer der Bearbeitung von Finanzierungsanträgen unterschätzt wird,
- man sich ungenügend auf das Gespräch vorbereitet.

Therapie: Finanzielles Frühwarnsystem

Folgende Kennzahlen können als Elemente eines finanziellen Frühwarnsystems dienen:

1 *Eigenkapitalquote*. Gemäß einer Studie der Deutschen Bundesbank lag in 82 % der Konkursfälle im letzten Jahresabschluss die Eigenkapitalquote unter 10 %.
2 *Kapitalrückflussquote*. Sie zeigt an, welcher Einnahmenüberschuss mit dem eingesetzten Kapital erwirtschaftet werden konnte. In 63 % der Konkursfälle lag die Kapitalrückflussquote unter 4 %.
3 *Umsatzrendite*. Sie wird auf der Basis des Gewinns vor Steuern berechnet und gibt an, wie viel Prozent des Umsatzes als Gewinn übrig bleiben. In 68 % der Konkursfälle lag die Umsatzrendite unter 1 %.
4 *Cashflow-Marge*. Der Kassenzufluss errechnet sich aus dem Jahresüberschuss plus Abschreibungen plus Erhöhungen beziehungsweise Verringerungen der langfristigen Rückstellungen. In 71 % der Konkursfälle betrug die Cashflow-Marge weniger als 2 %.
5 *Dynamischer Verschuldungsgrad*. Er gilt als Indikator für den Zeitraum, den ein Unternehmen zur Tilgung einer aktuellen Schuld allein aus dem Cashflow benötigt – vorausgesetzt, der Cashflow wird nur zur Tilgung der Verbindlichkeiten benutzt. In 85 % der Konkursfälle betrug diese Kennzahl 625 % oder mehr.

Auch wenn es hier Unterschiede von Branche zu Branche gibt: Die rote Warnlampe blinkt, wenn mehrere der oben genannten Kennzahlen kritische Werte aufweisen.

Zu schnelles Wachstum

„Wir waren zuerst sehr klein und überschaubar", berichtete Simone Müller. „Bevor wir zur *Handy* wurden, waren wir ein kleiner Geschäftsbereich des Konzerns, der nicht mehr profitabel war. Im Zug einer Umstrukturierung bereinigte die Geschäftsführung ihr Portfolio und entließ unseren Bereich in die Selbstständigkeit.

‚Diese Herausforderung nehmen wir an', dachten wir. Mit großem Engagement und Mut starteten wir durch. Wir fingen als mittelständisches Unternehmen mit einer kleinen Belegschaft und einem überschaubaren Geschäftsfeld an. Jeder hatte die Freiheiten, die er brauchte, um das zu tun, was ihm Spaß machte und für das Geschäft richtig war. Und dann akquirierte ich drei Großaufträge, für die wir eigentlich zu klein waren. Plötzlich hatten wir einen unerwarteten Bedarf an qualifizierten Fachkräften, die so schnell nicht auf dem Arbeitsmarkt verfügbar waren. Bei dem rasanten Wachstum musste unsere Organisation umgestellt werden. Auf solche Veränderungen waren wir nicht vorbereitet. Die Bürokratie wuchs und das Controlling hielt Einzug. Es entstanden Kosten, die nicht eingeplant waren. Wir verwendeten nun viel Zeit darauf, uns selber zu verwalten, und konnten uns nicht ausreichend um das Geschäft kümmern."

„Eure Sorgen hätte ich damals gerne gehabt", wandte Paul Schmidt ein. „Unser Unternehmen, die *Passage*, hatte seinen Reifegrad überschritten und notwendige Korrekturen zu spät vorgenommen. Die Betriebsgröße hatte uns die Wettbewerbsfähigkeit genommen."

Therapie: Wachstum mit Augenmaß

Nichts gedeiht im Schatten großer Bäume.

Was sollten Sie beachten, um den Gefahren eines zu schnellen Wachstums zu begegnen?

- Wachsen Sie nur so schnell, wie Sie es langfristig vertragen können.
- Sorgen Sie für schlanke Strukturen mit flachen Hierarchien und schnellen Entscheidungswegen.
- Geben Sie den Mitarbeitern einen eigenen Verantwortungsbereich mit allen Kompetenzen, die sie für eine unbürokratische Aufgabenerfüllung benötigen. Ermutigen Sie Ihre Mitarbeiter, Entscheidungen zu treffen, und lassen Sie Fehler zu.
- Bilden Sie Profitcenter. Führen Sie ein aussagekräftiges Kennzahlensystem ein, das den Beitrag der Mitarbeiter zur Wertschöpfung des Unternehmens dokumentiert.
- Bleiben Sie bei Personalanpassungen flexibel. Schließen Sie mit neuen Mitarbeitern zunächst befristete Verträge ab, die sie später, wenn das Wachstum nachlassen sollte, nicht verlängern.
- Verlagern Sie das Unternehmensrisiko teilweise auf die Mitarbeiter, indem Sie die erfolgsabhängigen Entgeltbestandteile erhöhen.

Ein schnelles Wachstum ist ungefährlich, wenn es Ihnen gelingt, Ihre Mitarbeiter so zu führen, dass sie ihre unternehmerischen Fähigkeiten frei entfalten können.

Fehlende Steuerung und Kontrolle

Fehlender Überblick

„Als ich die Leitung des Vertriebsteams von *Handy* übernahm", fuhr Simone Müller fort, „wollte ich den Umsatz durch eine Werbeaktion steigern. In der Zeitung hatte ich gelesen, dass es viele Rentner gab, die noch kein Handy besaßen. Ich dachte dabei an meine Oma und bekam richtig Lust auf diese Zielgruppe. Wir umschrieben sie mit dem Projektnamen ‚50 plus' und starteten eine Werbekampagne.

‚Was braucht diese Zielgruppe, das bisher noch nicht auf dem Markt ist?', fragten wir uns. Die Kollegen aus der Entwicklungsabteilung wollten besondere Modelle für Senioren herstellen – mit aufklappbaren Tastaturen, besonders lauten Klingeltönen und übergroßen Displays. Die Entwicklung hätte anderthalb Jahre gedauert. So lange wollte ich nicht warten. So starteten wir mit einer Anzeigenaktion in den großen Illustrierten und schalteten einzelne Fernsehspots in den Spätnachmittagssendungen um 17 Uhr. Als nach einem Dreivierteljahr noch keine Umsatzsteigerungen auf dem Seniorenmarkt zu verzeichnen waren, wurde ich langsam stutzig. Irgendetwas schien falsch zu laufen. Ein älterer Kollege, dem ich die Geschichte erzählte, fragte mich, ob ich überhaupt einen Überblick über den Markt hätte. Das Geld werde im Handymarkt nur noch mit Kindern und Jugendlichen verdient. Ich fand die Anmerkung sehr unpassend. Schließlich habe ich Marketing studiert und konnte mich bisher immer auf mein Gefühl verlassen."

Diagnose: Fehlendes Controlling

> *"Aufs Ganze zu gehen lohnt sich erst, wenn wir den Überblick gewonnen haben."*
> Ernst Ferstl, österreichischer Dichter, *1955

Eine fehlende Übersicht über die wesentlichen Kennzahlen des Unternehmens kann schnell zu einer finanziellen Schieflage führen – insbesondere dann, wenn die Liquiditätssituation nicht laufend überprüft wird.

Manchmal vertritt die Geschäftsleitung die Auffassung, es sei zu aufwendig, die Leistungen der Unternehmensbereiche zu messen. Solange Gewinne gemacht werden, sei es unerheblich, wo und in welcher Höhe Kosten entstehen. Dieser Trugschluss hemmt auch das Wachstum eines Unternehmens. Kennzahlen haben nicht nur Bedeutung für Prognosen, Zielsetzungen, Planung, Analyse, Steuerung und Kontrolle. Sie dienen ebenso zur Prozessverbesserung, zur Risikofrüherkennung und zum Benchmarking.

Berücksichtigt das Controlling nicht alle wichtigen Zahlen, so kommt es schnell zu falschen Kosten- und Preiskalkulationen. Eine fehlende Übersicht der Kunden und des Umsatzes, eine mangelnde Erfolgsaufschlüsselung nach Sparten, Produkten und Kundengruppen führt schnell zu einer falschen Interpretation der Kennzahlen und damit zu einer fehlerhaften Planung und Steuerung. Kleine und mittlere Betriebe sind manchmal überfordert, wenn sie ihr Controlling und Rechnungswesen auf EDV-Systeme umstellen. Einige mittelständische Unternehmen übertragen das Rechnungswesen komplett dem Steuerberater und verlieren damit den Überblick über ihre finanzielle Situation.

Praxistipps

- Sorgen Sie für eine einfache Ermittlung, allgemeine Akzeptanz und regelmäßige Erfassung der erfolgskritischen Kennzahlen.
- Beachten Sie, dass der Aussagewert von Kennzahlen begrenzt ist und immer der Begründung und Interpretation bedarf. Kennzahlen erlauben nur im Vergleich mit anderen Kennzahlen Schlussfolgerungen.

Mangelhaftes Forderungsmanagement

„Verstehen konnte ich es erst nicht", gestand Paul Schmidt. „Wir hatten unsere Preise in unserem Feinschmeckerladen gut kalkuliert und durch eine ansprechende Werbung dafür gesorgt, dass die Regale geleert wurden. Trotz aller verkauften und ausgelieferten Waren schrieben wir Verluste. ‚Das kann nicht sein', sagte ich mir, ‚wenn im Mai Waren im Wert von 15 000 Euro rausgehen, muss der Gegenwert auch in unserer Kasse sein.' Zwar kam es immer wieder vor, dass unsere Mitarbeiter und Kunden stahlen. Aber niemals in dieser Größenordnung.

Ich ging zur Buchhaltung. Dort klärte mich mein Kollege Faber auf. ‚Es liegt nicht an euch', beruhigte er mich. ‚Wie du weißt, hat das Familienunternehmen *Lustig* vor sechs Monaten sein 25-jähriges Firmenjubiläum gefeiert. Den Partyservice haben damals wir geliefert. Die Rechnung ist noch nicht beglichen. Gestern ging die dritte Mahnung raus. Ich weiß nicht, ob wir das Geld jemals sehen. Es ist zwar Mode geworden, erst kurz vor der Klageandrohung zu bezahlen. Doch was nützt es, wenn der Kunde einer unser Großabnehmer ist, mit dem wir jahrlang gute Geschäfte macht haben. Allerdings munkelt man, dass es *Lustig* nicht gut gehen soll. Man spricht von Konkurs. Vielleicht sollten wir doch Klage erheben.'"

Therapie: Aktives Forderungsmanagement

Manche Unternehmen überschätzen die Zahlungsmoral der Kunden. Dies führt zu ungeplanten Außenständen und Forderungsausfällen.

- Schaffen Sie eine klare Vertragsgrundlage (Auftragsformulare, Allgemeine Geschäftsbedingungen etc.).
- Prüfen Sie die Bonität Ihrer Kunden regelmäßig und räumen Sie ihnen je nach Ergebnis ein individuelles Kreditlimit ein.
- Liefern Sie Waren an Endverbraucher (v.a. Neukunden) grundsätzlich nur gegen Barzahlung bzw. Anzahlung.
- Stellen Sie die Rechnung sofort nach Erbringung der Leistung und definieren Sie ein nach dem Datum fixiertes Zahlungsziel.
- Motivieren Sie den Kunden zur schnellen und pünktlichen Zahlung, indem Sie ein Skonto anbieten und Bankeinzug vereinbaren.
- Kontrollieren Sie permanent die Zahlungseingänge.
- Mahnen Sie Ihre Kunden in einem straff organisierten Mahnwesen; schalten Sie bei Nichtreagieren ein leistungsfähiges Inkassounternehmen ein.
- Planen Sie in der Zwischenzeit Ihre weiteren Einnahmen und Ausgaben sorgfältig.
- Vereinbaren Sie mit Geschäftskunden einen verlängerten Eigentumsvorbehalt mit Verarbeitungsklauseln. So gehören gelieferte und weiterverarbeitete Waren dem Kunden erst dann, wenn er sie bezahlt hat.

Fehlendes Qualitätsbewusstsein

„In den Werkshallen von *Nascar* stand in großen Schriftzügen ‚Qualität macht sich bezahlt'", sagte Peter Busch. „Dieser Spruch hat sich unseren Produktionsmitarbeitern eingeprägt. Sie haben noch die Fernsehreportage vor Augen, in der unsere Konkurrenz im Qualitätstest vor den Münchener Taxifahrern scheiterte. Diese Schadenfreude und der Hohn waren für uns nicht nur Motivation, sondern auch Anlass für eine Qualitätsinitiative.

Die Zertifizierung nach ISO 9000 hatten wir hinter uns. Es gab lange Diskussionen, ob sie sich überhaupt lohnen würde – angesichts der Bürokratie und des Formalismus, die mit ihr verbunden waren. Dann führten wir das Null-Fehler-Management ein. Was dies bedeutet, erfuhr ich erst, als ich einen Produktionsmitarbeiter beobachtete, wie er ein defektes Getriebeteil in den Abfallkorb warf.

‚Was machst du da?', fragte ich ihn. ‚Sei ruhig', erwiderte er, ‚oder willst du unsere Gruppenprämie gefährden? Du weißt doch, dass die Zielvorgabe lautet, keine Fehler zu machen.' – ‚Nicht so laut', wandte der Meister ein, ‚es muss doch nicht jeder hören, dass in meiner Schicht Fehler passieren. Seht zu, dass Ihr wieder an die Arbeit kommt, und haltet mir den Qualitätsbeauftragten vom Leibe, während ich Euren Müll entsorge.' Wenige Wochen später stand *Nascar* mit schlechten Nachrichten in den Schlagzeilen: Teure Rückrufaktion wegen Getriebeschäden."

Therapie: Qualitätssicherung

„Qualität ist, wenn der Kunde zurückkommt, nicht das Produkt."
Maxime bei Mercedes-Benz

Für ein funktionierendes Qualitätsmanagement ist wichtig:

- Welche Qualität sollten meine Produkte haben?
- Von welchen äußeren Faktoren (Rohstoffe, Maschinen, Fremdleistungen) hängt die Qualität des Produkts ab?
- Welche Hauptprozesse (zum Beispiel Produktionsprozess, Beschaffung, Service) bestimmen die Qualität der Leistungen?
- Wie muss das Unternehmen organisiert sein, um die Qualitätsziele zu erreichen?
- Wer ist zuständig für die Qualitätssicherung? Wer überprüft dessen Arbeit?
- Gab es in den letzten zwölf Monaten offen zutage getretene wesentliche Fehler, die trotz Überprüfung zunächst nicht entdeckt worden waren?
- Wie kann die regelmäßige Überprüfung der Qualitätsziele erfolgen (interne Audits)?
- Wie können Prozesse und Faktoren laufend verbessert werden?
- Werden die Voraussetzungen für ein Qualitätsmanagement nach ISO 9000 ff. erfüllt?

Fragen Sie die Qualität Ihrer Produkte regelmäßig bei Ihren Kunden ab.

Unprofessionelles Personalwesen

„Eines Tages hatten wir Personalprobleme in unserer Dessous-Abteilung", erzählte Paul Schmidt. Die Abteilungsleiterin Frau Berthold war wegen ihres autoritären Führungsstils bekannt. Sie hatte schon viele gute Mitarbeiter aus ihrer Gruppe herausgemobbt, die wir dann in andere Abteilungen versetzen mussten. Da nur wenige Mitarbeiter freiwillig bei ihr arbeiten wollten, beschloss ich, das Problem Berthold endgültig zu lösen, und ging zum Personalchef, einem Vollblutjuristen.

‚Der Frau können Sie unmöglich kündigen', wandte dieser ein. ‚Bei den Dienstjahren und Sozialpunkten wäre eine Kündigung rechtlich unwirksam. Vielleicht können wir sie im Haus versetzten und mit einer Aufgabe betrauen, bei der sie weniger Schaden anrichtet. In der Haushaltswarenabteilung geht Frau Specht in die Altersteilzeit. Dies wäre eine Möglichkeit. Fragt sich nur, wer die Leitung der Dessous-Abteilung übernimmt?' Spontan fiel mir Giorgio Vesuvio ein, unser italienischer Frauenschwarm, dem die Frauen jeden Wunsch von den Lippen ablasen. Doch unser Personalchef konnte sich gegenüber dem Betriebsrat nicht durchsetzen, der darauf beharrte, die Position mit dem Schwerbehinderten Anton Holzbein zu besetzen. Wie teuer uns schlechtes Personalmanagement zu stehen kommt, habe ich erst gemerkt, als durch den häufigen Wechsel des Personals und die nicht ausreichende Qualifizierung unnötige Kosten entstanden und der Umsatz litt."

Diagnose: Wie gut ist Ihr Personalmanagement?

> *„Wir könnten viel, wenn wir zusammenstünden."*
> *Friedrich Schiller, deutscher Dichter, 1759–1805*

Mithilfe der folgenden Fragen können Sie analysieren, ob Ihr Personalmanagement etwas zur Wertschöpfung beiträgt:

- Wird bei strategischen Entscheidungen, insbesondere bei Strukturveränderungen, eine Kosten-Nutzen-Analyse in Form eines Business Cases aus Personalsicht durchgeführt?
- Analysiert das Personalmanagement die Änderungsfähigkeit und -bereitschaft des Unternehmens und zieht aus den Ergebnissen Konsequenzen?
- Überprüft und vergleicht es regelmäßig die Arbeitskosten des Unternehmens und entwickelt Maßnahmenvorschläge?
- Sorgt es für eine flexible und wirtschaftliche Arbeitszeitgestaltung und eine strukturelle Kostenflexibilität (zum Beispiel durch Outsourcing, Leiharbeit, Zeitverträge)?
- Positioniert die Personalabteilung das Unternehmen am Arbeits- und Bewerbermarkt als attraktiven Arbeitgeber? Ist der Personalauswahlprozess an der Unternehmensstrategie ausgerichtet?
- Gibt es ein Performance-Managementsystem, zum Beispiel mit den Elementen Mitarbeitergespräch, Zielvereinbarungs- und Feedbackprozess, Mitarbeiterbefragung?

- Wird das Performance-Managementsystem regelmäßig auf Nutzerakzeptanz, Prozessstabilität und Wirksamkeit überprüft?
- Ist die Mitarbeiterleistung dokumentiert und die Dokumentation für Mitarbeiter und Führungskraft jederzeit abrufbar?

„Bevor wir auf die Fehler bei den Führungskräften eingehen", sagte Paul Schmidt, „wollen wir erst einmal feststellen, wer die erste Flasche Wein gewonnen hat." – „Ich habe alles auf einer Liste festgehalten", berichtete Simone Schmidt. „Peter Busch hat vier Punkte, ich folge mit sechs Punkten und Paul Schmidt ist mit sieben Punkten Sieger der ersten Runde. Herzlichen Glückwunsch!"

Fehler bei den Führungskräften

„Gehen wir zum zweiten Teil unserer Wette über", sagte Paul Schmidt stolz. Nach kurzem Nachdenken einigte man sich auf die folgenden Themenblöcke: die Führungskraft als Fehlerquelle, mangelnde Kontrolle durch die Führungskraft und fehlende Organisation.

Die Führungskraft als Fehlerquelle

Fehlende Unternehmerqualitäten

Paul Schmidt begann. „Als unser Firmenchef unerwartet einen Verkehrsunfall erlitt und es nicht klar war, ob er die Folgen überleben würde, fiel unseren Führungskräften auf, dass die Unternehmensnachfolge nicht geregelt war."

„Das dürfte bei eurem familiengeführten Unternehmen wohl kein Problem sein", warf Simone Müller ein, „ein Erbe wird sich doch finden lassen." – „Sicher gab es drei Erben", erwiderte Paul Schmidt. „Seine Ehefrau hatte kein Interesse am Unternehmen. Sie wollte ihre kostspieligen Hobbys und den aufwändigen Lebensstil weiterführen, ohne sich um das Geschäft zu kümmern. Sein erster Sohn war intelligent und ambitioniert. Marktkenntnisse, kaufmännisches Wissen und die notwendige Praxiserfahrung hätte er sich schnell aneignen können. Allerdings war er ein Spieler, neigte zu Alkohol und Drogen. Aufgrund seines labilen Charakters wollte man ihm nicht die Geschäftsführung übertragen. Der zweite Sohn war schon lange Zeit im Unternehmen des Vaters aktiv und galt als hervorragender Controller. Allerdings war er schüchtern, und es mangelte ihm an Durchsetzungskraft. Deshalb wollte er keine Führungsposition übernehmen.

Deshalb beschloss der Familienrat, das große Unternehmen in die drei Bereiche Nord, Mitte und Süd aufzuteilen und die Geschäftsführung einem angestellten Management zu übertragen. Schon jetzt ist abzusehen, dass ein größerer Konkurrent die kleineren Unternehmen aufkaufen wird."

Diagnose: Sind Sie ein Unternehmertyp?

Prüfen Sie anhand der nachfolgenden Fragen, ob Sie ein Unternehmertyp sind, der geeignet ist, die Geschäftsführung eines Unternehmens zu übernehmen.

Checkliste: Unternehmereigenschaften

- Sind Ihre fachlichen Qualitäten fundiert und haben Sie intensive Berufserfahrungen gesammelt?
- Verfügen Sie über kaufmännische Kenntnisse und praktische Erfahrung als Führungskraft?
- Können Sie Verkaufsgespräche führen?
- Haben Sie eine sehr hohe Eigenmotivation, arbeiten Sie sehr engagiert und können Sie leicht auf Freizeit verzichten?
- Sehen Sie Ihren Job als Herausforderung und nicht als Risiko?
- Sind Sie kreativ und risikobereit?
- Lernen Sie täglich hinzu und bilden sich gerne weiter?
- Lieben Sie den Umgang mit Menschen sowohl im Privat- als auch im Berufsleben?
- Ist Ihr persönliches Zeit- und Selbstmanagement stresserprobt?
- Sind Sie entscheidungs- und durchsetzungsstark?
- Können Sie mit finanziellem Druck umgehen?
- Sind Sie gesundheitlich fit?
- Unterstützt Sie Ihr Partner/Ihre Familie?

Fachexperten als Führungskräfte

Ein Gramm Unternehmergeist wiegt mehr als ein Kilogramm Angestelltenmentalität.

„Herr Schanzer war ein ausgezeichneter Ingenieur in der Fahrzeugentwicklung", erzählte Peter Busch. „Sein Vorgesetzter konnte sich immer auf ihn verlassen. Er war wegen seiner Zuverlässigkeit und Detailtreue bekannt. Er suchte ständig nach Verbesserungen, war engagiert und dachte kreativ. Als sein Vorgesetzter in Frühpension ging, war die Stelle des Entwicklungsleiters neu zu besetzen. Die Geschäftsführung setzte Schanzer als seinen Nachfolger ein. Damit wollte man die Qualität und Kontinuität der Abteilung sicherstellen. Wer die Fachkompetenz hat, kann die Sozialkompetenz auch noch erwerben, sagte man ihm bei der Einführung in seine neue Position.

Schanzer nahm die Herausforderung pflichtbewusst an und gab sich viel Mühe, den Anforderungen gerecht zu werden. Dies zeigte sich besonders in den Überstunden, die er leistete, um die Ergebnisse der Arbeiten, die er delegiert hatte, zu überprüfen. Er musste sich jetzt um viele Dinge kümmern, die ihn eigentlich nicht interessierten. Die persönliche Beziehung zu anderen Mitarbeitern war ihm nicht wichtig. Als Ingenieur vertrat er die Auffassung, dass seine Mitarbeiter von sich aus motiviert seien und dass jeder für die Kommunikation mit dem Vorgesetzten selbst verantwortlich sei. In der Führungsrunde langweilte er uns mit Vorträgen über Details, die niemand hören wollte, und merkte nicht, dass ihm bald keiner mehr zuhörte."

Diagnose und Therapie: Mangelnde Sozialkompetenz

Führungskräfte ohne Sozialkompetenz werden häufig von ihren Mitarbeitern mit den folgenden Argumenten kritisiert:

- Sie geben zu wenige Informationen weiter.
- Der Sinn von Arbeitsaufgaben wird nicht vermittelt.
- Sie haben kein Interesse an persönlicher Kommunikation.
- Sie nehmen sich keine Zeit für Zielvereinbarungen, Arbeitsbesprechungen, Beurteilungen.
- Sie führen keine Mitarbeitergespräche.
- Sie erkennen besondere Leistungen selten an.
- Man erhält nur wenig individuelle Förderung und Unterstützung.
- Sie gewähren nur wenig Mitsprache bei Entscheidungen.
- Sie gewähren zu wenig Freiraum bei eigenen Aufgaben.

Die fehlende Sozialkompetenz von Führungskräften kann sich fatal auf das Unternehmen auswirken: weniger Motivation, weniger Engagement, weniger Identifikation mit dem Unternehmen. Langfristig leidet die Qualität der Arbeit.

Sozial kompetentes Verhalten ist eine Grundvoraussetzung für erfolgreiche Mitarbeiterführung. Von den Vorgesetzten wird erwartet, dass sie den Blickkontakt halten, auf Kritik angemessen reagieren, sich entschuldigen können, Fehler eingestehen, Komplimente akzeptieren, Lob und Zustimmung erteilen, ausreden lassen und zuhören können.

Schwierige Führungspersönlichkeiten

Keine Fachkompetenz

„Manchmal frage ich mich, wie man ein Unternehmen führen kann, ohne von dem Geschäft eine Ahnung zu haben", stellte Simone Müller in den Raum. „Mein Vorgesetzter war unbedarft, aber dies wussten nur die Insider. Aufgrund seines charmanten Auftretens und weil er niemandem wehtun wollte, wurde er bis zur Stufe seiner Inkompetenz befördert. Es mangelte ihm an Fachwissen, doch das durfte keiner merken." – „Solch einen Vorgesetzten hätte ich mir gewünscht", fügte Peter Busch an. „Da kann man machen, was man will. Man kann gut oder schlecht arbeiten und kann dem Vorgesetzten Fehler in die Schuhe schieben, ohne dass er es merkt."

Zu viel Druck

„Mein letzter Vorgesetzter war ein Ausbeuter", erzählte Paul Schmidt. „Er überhäufte uns mit Arbeiten, die an die Belastungsgrenze jedes Einzelnen gingen. ‚Wir sind nicht hier, um Spaß zu haben', war einer seiner typischen Sprüche. Manchmal ging er auch geschickter vor und benutzte Schmeicheleien, um nicht immer mit gnadenloser Härte aufzutreten. Viele junge Mitarbeiter, die aufsteigen wollten, blieben nur kurze Zeit bei ihm. Einige andere, denen der Absprung nicht gelang, nahmen heimlich Psychopharmaka, um dem Leistungsdruck standzuhalten."

Stimmungsschwankungen

„Noch schlimmer sind die Choleriker", setzte Simone Müller hinzu. „Das Verhalten unseres Finanzchefs war unberechenbar. Bei den monatlichen Ergebnisbesprechungen wusste keiner, in welcher Stimmung er gerade war. Wenn er dann unkontrolliert explodierte, war es Zeit, ihm aus dem Weg zu gehen. Wir ließen ihn immer selbst entscheiden, um ihm keine Angriffsfläche zu bieten. Eine Überlebensstrategie war es, Begegnungen mit ihm zu meiden, sich ruhig zu verhalten und ihn nicht auf mögliche Fehler aufmerksam zu machen."

Entscheidungs- und Handlunsschwäche

„Dagegen ist ja der Aussitzer eine richtige Erholung", stellte Peter Busch fest. „Der gibt auch seinen Mitarbeitern die nötige Zeit, um in Ruhe über alles nachzudenken. Stress hatten wir bei unserem Produktionsleiter nicht. Allerdings reagierte er sehr angespannt, wenn man ihm eine wichtige Entscheidung abverlangte. Neulich erhielten wir eine Anfrage von einem Großkunden. Er bat uns um ein Angebot für die Herstellung von Sondermodellen zum Firmenjubiläum mit dem Unternehmenslogo. Den Aufdruck der Logos hätten wir fremdvergeben müssen. Dazu mussten erst einmal viele Meinungen eingeholt und fundierte Entscheidungshilfen erarbeitet werden. Als dann darüber entschieden wurde, war der Kunde schon zu einem Konkurrenten gewechselt."

Zu autoritär

„So etwas wäre bei unserem Vorstand, dem Patriarchen, nicht vorgekommen", bemerkte Paul Schmidt. „Der übernahm gern die Vaterrolle und ärgerte sich, wenn seine Mitarbeiter nicht ‚artig' waren. Er führte streng und autoritär, gab genaue Anweisungen und delegierte nicht. Einige Mitarbeiter fühlten sich bevormundet und engagierten sich lieber außerhalb des Unternehmens."

Zu kreativ

„Davon konnte bei unserem Entwicklungsleiter nicht die Rede sein", berichtete Simone Müller. „Er fand in seiner Aufgabenstellung seine eigentliche Berufung: das Kreative und Spontane. Sein Lieblingsthema lautete Innovation. Er sprühte voller Ideen und Engagement. Alles musste möglichst schnell umgesetzt und realisiert werden. Dabei verlangte er von seinen Mitarbeitern größte Flexibilität. Oft kam es vor, dass er am Vormittag verlangte, dass die Funktionsweise eines bestimmten Handymodells modifiziert wurde. Am Nachmittag kam er dann bei der ersten Ergebnisbesprechung auf die Idee, man solle doch lieber gleich ein neues Modell entwickeln. Erfahrene Mitarbeiter warteten erst einmal den Abend ab, weil sich bis dahin in der Regel noch viele neue, zum Teil gegensätzliche Ideen ergaben. So wurden die Mitarbeiter sehr vorsichtig mit der Äußerung eigener Ideen. Sie kannten die Dynamik, die sich daraus ergeben konnte, und wussten, dass sie unter der Umsetzung leiden würden."

Täuscher und Blender

„Dieser Vorgesetzte ist mir noch lieber als der Blender", wandte Paul Schmidt ein. „Wir hatten da so einen Porschefahrer mit Markenanzug und Designerbrille. Von seinem Auftreten waren viele beeindruckt. Er verstand es, sich immer gut darzustellen und kleine Dinge groß aufzubauschen. Dadurch meinten viele, er sei ein Leistungsträger. Bei den Experten war er nicht beliebt, und für manch einen gutgläubigen Vorgesetzten konnte er gefährlich werden, weil er nicht immer halten konnte, was er versprach. Er klaute die Ideen der anderen und verkaufte sie als seine eigenen. Deshalb mochten ihn viele nicht."

Perfektionismus

„Unser Produktionsleiter war ein Pedant", erzählte Peter Busch. Keiner konnte es ihm recht machen. Als ein neues Produktionsverfahren eingeführt werden sollte, musste vorher alles perfekt und bis ins Detail genau geplant werden. Erst der vierte überarbeitete Entwurf war gut genug, um für eine ernsthafte Umsetzung näher in Betracht gezogen zu werden. Vorausschauende Mitarbeiter kannten diese Vorgehensweise und wandten bei ihrer Arbeit nicht viel Mühe und Engagement auf."

„Diese schwierigen Vorgesetztentypen sind oft Sand im Getriebe des Unternehmens. Jeder weiß das, aber keiner tut etwas dagegen", seufzte Paul Schmidt.

Therapie: Führung von schwierigen Vorgesetzten

Ein Unternehmen hat die Vorgesetzten, die es verdient.

Der Umgang mit problematischen Führungspersönlichkeiten ist immer eine Gratwanderung zwischen den eigenen Karriereinteressen und übergeordneten Unternehmensbelangen.

Praxistipps

- Entscheiden Sie, ob es sich lohnt, für solche Vorgesetzte zu arbeiten: *Love it, change it, or leave it.*
- Vielleicht können Sie sich in einen anderen Bereich mit einem besseren Vorgesetzten versetzen lassen.
- Bleiben Sie loyal gegenüber Ihren Vorgesetzten. Kompensieren Sie deren Schwächen durch Ihre eigenen Stärken: Gleichen Sie dem Ahnungslosen seine fehlende Fachkompetenz aus, geben Sie dem Blender den notwendigen Inhalt und dem Aussitzer Entscheidungshilfen. Versuchen Sie beim Choleriker, sachlich zu bleiben, beim Pedanten, genauer zu arbeiten, und sich dem Ausbeuter mit guten Begründungen zu widersetzen.
- Finden Sie Kooperationspartner, die Ihnen beim Umgang mit schwierigen Führungspersönlichkeiten helfen.

Gute Unternehmen führen ein regelmäßiges Führungsfeedback durch, um die Führungsqualitäten der Vorgesetzten zu überprüfen. Sehr gute Unternehmen entlassen ungeeignete Vorgesetzte.

Mangelnde Führungskompetenz

„Nach Führungskompetenz hat bei uns niemand gefragt", berichtete Paul Schmidt. „Die Hauptsache war stets, dass die Geschäftsergebnisse stimmen. Dies änderte sich, als eines Tages die Nichte des Vorstands, Frau Behrens, ein Praktikum in der Konzernrevision antrat. Um zu verhindern, dass sie bevorzugt behandelt wurde, verheimlichte man ihre Verwandtschaft mit dem Vorstandsvorsitzenden. Dieser traute seinen Ohren nicht, als er hörte, wie die Mitarbeiter in seinem Unternehmen geführt wurden. Morgens erschien der Leiter der Revision aggressiv und unausgeschlafen im Büro, warf seinen Mantel in die Ecke und schrie seine Assistentinnen an: ‚Wo ist der Kaffee?' Danach ließ er Frau Behrens in seinem Büro antreten, um ihr die täglichen Aufgaben zu übertragen. Er gab ihr einen Prüfbericht aus der Filiale in Nürnberg, der drei Aktenordner füllte. Den sollte für eine Vorstandsvorlage zusammenfassen. Danach verließ er das Büro, um Golf zu spielen. Seiner Sekretärin sagte er, er besuche einen Kunden.

Frau Behrens fühlte sich ziemlich allein gelassen. Sie tröstete sich damit, dass es auch den anderen Mitarbeitern so ging. Engagierte Mitarbeiter wurden belobigt und belohnt, wenn sie gute Ergebnisse brachten. Schlechte Mitarbeiter wurden bestochen, bedroht und bestraft. Dies sollte sie am eigenen Leibe erfahren, als ihr Vorgesetzter sich am Abend nach den Fortschritten ihrer Arbeit erkundigte. ‚Wieso haben Sie bis jetzt noch nichts geschafft?', brüllte er. ‚Wenn das so weitergeht, entlasse ich Sie!'"

Therapie: Führungseignung prüfen

Die Henkel AG (die reale Firma ist hier gemeint) hat für ihre Führungskräfte unter dem Aspekt der Arbeitshaltung, des Intellekts und des Umgangs mit Menschen zwölf Dimensionen der Führungseignung definiert.

Arbeitshaltung

1 Antrieb und Leistungsstreben
2 Initiative und Entschlusskraft
3 Stabilität und Belastbarkeit
4 Aufgeschlossenheit und Beweglichkeit

Intellekt

5 Analytisches Denken
6 Überblick und Urteilsvermögen
7 Planung und Organisation
8 Vorstellungsgabe und Ideenreichtum

Umgang mit Menschen

9 Ausdrucksvermögen
10 Kontaktfreude und Gewandtheit
11 Überzeugungs- und Durchsetzungsfähigkeit
12 Zusammenarbeit und Delegation

Testen Sie die Führungskompetenz Ihrer Mitarbeiter durch Persönlichkeitstests bei der Einstellung, regelmäßige Führungsfeedbacks während des Jahres und einzelne Management-Audits bei wichtigen Änderungen der Strategie und der Unternehmensstruktur.

Verharren im Elfenbeinturm

„Unser Finanzvorstand hat seine Umwelt gar nicht mehr wahrgenommen", erzählte Simone Müller. „Er hatte seine eigene Etage mit einem eigenen Fahrstuhl und einem Restaurant, zu dem nur die anderen Vorstandskollegen und obere Führungskräfte Zugang hatten. Die Aussicht von seinem Büro aus schien stets rosig zu sein. Für alle Mitarbeiter, die sein Heiligtum betreten durften, galt der Grundsatz, den Mittagsschlaf des Vorstands nicht zu stören.

Eines Tages brachen die Geschäftsergebnisse ein, weil ein Großkunde einen langjährigen Auftrag stornierte. Nun standen wir vor einem Problem: Keiner traute sich, mit dieser Nachricht in die Vorstandsetagen zu gehen. Jeder wusste, dass dies das Aus seiner Karriere bedeuten würde. Die Angst, etwas falsch zu machen, lähmte das ganze Management.

So kamen wir auf die Idee, die schlechte Botschaft geschickt in einer E-Mail zu verstecken. Vor unserer Quartalsbesprechung sandten wir dem Vorstand die Geschäftsergebnisse als Word-Datei verpackt zu. In einer Fußnote schrieben wir den Hinweis von der Stornierung des Großauftrags nieder. Zum Glück gelang es uns während der Sitzung, die Aufmerksamkeit des Vorstands auf ein anderes Thema zu lenken. Der kritische Sachverhalt konnte so unter den Teppich gekehrt werden und kam erst bei der nächsten Besprechung als Tretmine wieder nach oben. Nur lag dieses Mal die Schuld beim Vorstand, dem wir vorhalten konnten, er habe den Bericht nicht sorgfältig gelesen. Ein Fehler, der ihn beinahe den Job gekostet hätte."

Therapie: Frühwarnsystem

Jedes Management hat die Mitarbeiter, die es durch sein Führungsverhalten erzogen hat.

Manager, die im Elfenbeinturm verharren, verlieren schnell den Kontakt zur Realität. Um dies zu verhindern, empfehlen sich folgende Maßnahmen:

- Dialogveranstaltungen mit der Belegschaft zu aktuellen Entwicklungen und Fragestellungen im Unternehmen. Dabei erhalten die Mitarbeiter die Möglichkeit, anonym kritische Fragen zu stellen, die von der Geschäftsleitung beantwortet werden.
- Kaminabende mit Nachwuchsführungskräften, die sich im intimen Kreis des Managements über vertrauliche Informationen austauschen.
- Frühstücksrunden mit Bereichs- und Abteilungsleitern, um Trends und Tendenzen im Unternehmen aufzuspüren.
- Briefkästen für Vorschläge, Beschwerden und Anregungen aus der Belegschaft.

Die Offenheit der Kommunikation hängt in einem Unternehmen von dem gelebten Vorbild der Geschäftsführung ab. Solange es nicht möglich ist, über kritische Punkte im Unternehmen offen zu reden, empfiehlt es sich, die Meinung der Mitarbeiter unter Wahrung ihrer Anonymität abzufragen, um nicht blind in mögliche Gefahren hineinzulaufen.

Nicht Nein sagen können

„Herr Wiesner war die gute Seele in unserem Hause", berichtete Peter Busch. „Er war im Unternehmen beliebt und wollte es allen recht machen. Dies wusste auch der Vorstand. Immer, wenn er Wiesner auf dem Flur begegnete, lud er ihn zu einem persönlichen Gespräch ein. Dabei übergab er ihm dann zwei bis drei unerledigte Geschäftsvorgänge, die ihm lästig waren. Dankbar nahm Wiesner die Aufgaben an und gab sie als Vorgesetzter an Frau Schulz weiter. Die kannte Wiesner sehr gut und dachte gar nicht daran, diese Arbeiten zu erledigen. Sie wusste um seine Schwäche und ging immer nach derselben Taktik vor: Die Arbeiten blieben zunächst zwei bis drei Tage lang unerledigt auf ihrem Schreibtisch liegen. Dann suchte sie ihren Vorgesetzten auf. ‚Helfen Sie mir', flehte Sie ihn an. ‚Die Vorgänge scheinen sehr kompliziert zu sein. So ganz verstehe ich das nicht. Sie haben doch mehr Hintergrundwissen. Schauen Sie einmal drüber. In der kurzen Zeit schaffe ich es nicht alleine.' Und wie immer hatte Wiesner Verständnis für seine Mitarbeiterin. Er nahm sich der Vorgänge persönlich an, machte Überstunden und lieferte am nächsten Morgen die erledigten Aufgaben pünktlich bei der Geschäftsführung ab.

Vor ein paar Monaten geschah dann etwas, womit keiner gerechnet hatte: Eines Nachts entdeckte der Sicherheitsdienst bei einem seiner Rundgänge noch Licht in Wiesners Büro. Er fand Wiesner an seinem Schreibtisch über die Akten der Geschäftsleitung gebeugt – mit einem Herzinfarkt. Dieses Mal war es zu spät, um Nein zu sagen."

Therapie: Die Kunst, Nein zu sagen

Vielen Managern fällt es schwer, Nein zu sagen, weil

- sie sich im Grunde genommen freuen, wenn sie unentbehrlich sind.
- sie niemanden verletzen oder vor den Kopf stoßen möchten.
- sie ein Helfersyndrom haben.
- sie Angst haben, nicht mehr geliebt zu werden.
- sie überrumpelt wurden.

So können Sie lernen, Nein zu sagen:

- Prüfen Sie den Wunsch oder das Anliegen.
- Wenn Sie das Begehren innerlich ablehnen, warten Sie nicht, sondern sagen Sie sofort NEIN!
- Fühlen Sie sich überrumpelt, so bitten Sie um Bedenkzeit.
- Müssen Sie sich sofort entscheiden, so zählen Sie innerlich ruhig bis zehn! (Denken – Überlegen – Sachverhalt wiederholen – Pause. Dann: ein klares Nein.)
- Begründen Sie kurz und sachlich die Ablehnung.
- Empfehlen Sie eine Alternative.

Sobald es Ihnen einmal gelungen ist, Nein zu sagen, werden Sie feststellen, dass Ihre schlimmsten Befürchtungen nicht eintreten. Sofern Sie nicht Ihre Kooperation verweigern, gewinnen Sie sogar bei Ihrem Vorgesetzten und Ihren Kollegen und Mitarbeitern an Anerkennung.

Falsche Führung

„Ich dachte immer, die Mitarbeiter bräuchten eine motivierende Arbeitsumgebung und Möglichkeiten, im Team zu arbeiten", erzählte Peter Busch. „Anscheinend ist dies nicht immer so. Diese Erfahrung machte ich, als man mir im Rahmen eines Projekts für den Aufbau unseres Produktionsstandorts in China die Projektleitung übertrug.

Um gleich zu Beginn unserer Arbeit ein gutes Gruppenklima herzustellen, quartierte ich mich mit meinen vier Mitarbeitern in einem Fünfsternehotel ein, um unter der Moderation eines erfahrenen Trainers einen Gruppenfindungsprozess zu starten. Abends hatten wir Gelegenheit zur Entspannung in der Wellness-Oase und zu anregenden Gesprächen am Kaminfeuer. Am Ende der Veranstaltung war ich erstaunt über das Feedback der Teilnehmer.

Herr Mayer fand es großartig, während des Workshops im Mittelpunkt zu stehen und seine Ideen zu äußern. Herr Schuster hätte sich mehr Möglichkeiten der Einflussnahme auf die Programmpunkte gewünscht, während Herr Simon Wert auf die harmonische Atmosphäre in der Gruppe legte. Herrn Schröder wäre es lieber gewesen, wenn der Workshop nicht stattgefunden hätte. Er fand ihn zu aufwändig und kostspielig. Besser wäre es gewesen, so meinte er, man hätte seine Arbeitsmittel auf den neuesten Stand gebracht und das Geld für Fachseminare ausgegeben.

Diese Reaktionen haben mich verunsichert. Anscheinend kommt mein Führungsstil nicht bei allen Mitarbeitern an."

Therapie: Passender Führungsstil

Jeder Mitarbeiter braucht eine individuelle Art der Führung. Anhaltspunkte für den passenden Führungsstil können sich aus den Kriterien Personen- oder Sachorientierung und Intro- oder Extrovertiertheit ergeben.

Der Analytiker, wie zum Beispiel Herr Schröder, handelt vorwiegend introvertiert und sachorientiert. Er ist spezialisiert, geht methodisch strukturiert vor, legt keinen Wert auf Äußerlichkeiten und tritt zurückhaltend auf. Er möchte als Experte anerkannt werden, inhaltlich anspruchsvolle Aufgaben übernehmen.

Herr Mayer hingegen, der beziehungsorientierte Expressive, stellt sich gerne offensiv dar, möchte gerne im Mittelpunkt stehen und sucht Beifall. Er ist statusorientiert, möchte als etwas Besonderes behandelt werden und von seinem Vorgesetzten auf der persönlichen Ebene angesprochen werden.

Herr Schuster ist ein Macher. Er handelt extrovertiert und sachorientiert. Er sucht Herausforderungen, ist wettbewerbsorientiert und möchte Dinge bewegen. Er braucht die Gelegenheit, erfolgreich zu sein, Verantwortung zu übernehmen und Führungsaufgaben wahrzunehmen. Er sieht den Vorgesetzten als Mentor oder Coach.

Herr Simon hingegen, der Beständige und Integrative, ist vorwiegend introvertiert und beziehungsorientiert. Er handelt sensibel, unauffällig, berechenbar und verlässlich. Er möchte in einem stabilen Umfeld arbeiten, eine vertraute Aufgabe wahrnehmen und zeigen dürfen, was ihm als Mensch wichtig ist.

Interkulturelles Fehlverhalten

Nichtbeachtung der Machtdistanz

„Das Führen im internationalen Umfeld ist gar nicht so einfach", bemerkte Peter Busch. „Dies erfuhr ich, als ich im Rahmen meines Traineeprogramms die Möglichkeit hatte, unsere Produktionsstandorte im Ausland zu besuchen. Meine Aufgabe war es, ein Führungsfeedback von unserem Management einzuholen.

‚Herzlich willkommen in Mexiko', begrüßte mich Herr Sebastian, unser dortiger Werksleiter. ‚Ich bin gespannt, wie meine Mitarbeiter meine neuen Führungsmethoden angenommen haben. Im Gegensatz zu meinen Vorgängern habe ich auf sämtliche Statussymbole verzichtet. Der Dienstwagen der S-Klasse wurde abgeschafft und mein 40 Quadratmeter großes Büro verkleinert. Es ist meine Aufgabe, den Mitarbeitern bei der Bewältigung ihrer täglichen Arbeiten zu helfen. Bevor ich eine Arbeit verteile, frage ich sie nach ihrer Meinung und wir beschließen dann gemeinsam, was zu tun ist. Vor meinem Büro hängt ein Briefkasten für Verbesserungsvorschläge. Leider wird er von unseren Mitarbeitern nicht genutzt. Aber neue Methoden brauchen ihre Zeit, bis sie angenommen werden.' Das Führungsfeedback über Sebastian brachte überraschende Ergebnisse. Auf den anonym ausgefüllten Beurteilungsbögen beschweren sich die Mitarbeiter über ihren unmöglichen Vorgesetzten. Er habe von seinem Aufgabengebiet keine Ahnung, könne nicht führen und sei als Werksleiter eine Fehlbesetzung."

Therapie: Angepasster Umgang mit Macht

Ein kooperativer Führungsstil wird erfolgreich in den Kulturen praktiziert, die sich durch eine geringe Machtdistanz auszeichnen, wie zum Beispiel in den nordischen, germanischen und angelsächsischen Ländern. Die Führungskraft bezieht ihre Mitarbeiter in die Entscheidungsprozesse ein, erwartet sachliche Unterstützung und legt großen Wert auf die Selbstkontrolle der Mitarbeiter. Bei Fehlern wird in der Regel nicht bestraft, sondern Hilfe angeboten.

Demgegenüber wird eine autoritärer Führungsstil in den Kulturen erwartet, in denen eine hohe Machtdistanz besteht, wie zum Beispiel in lateinamerikanischen oder arabischen Staaten. Die Führungskraft übernimmt die Verantwortung für ihre Mitarbeiter, die erwarten, dass ihnen gesagt wird, was zu tun ist. Dementsprechend trifft der Vorgesetzte seine Entscheidung ohne Einbeziehung der Mitarbeiter und erwartet konsequenten Gehorsam. Bei Fehlern wird bestraft, statt Hilfe anzubieten. Der Vorgesetzte hat die alleinige Entscheidungs- und Anweisungskompetenz; die Fremdkontrolle steht im Vordergrund. In Ländern mit hoher Machtdistanz werden Ungleichheiten von den Mitarbeitern nicht nur erwartet, sondern auch begehrt. Man ist stolz auf Statussymbole und die großen Unterschiede beim Gehalt. Die Führung wird in einer Organisation mit ausgeprägtem hierarchischem Aufbau zentral ausgeübt. Der ideale Vorgesetzte ist ein Autokrat. Effektives Führen im interkulturellen Umfeld setzt eine kulturspezifische Auswahl des Führungsstils voraus.

Feedback in Asien

„Bei meinem letzten Besuch in China hatte ich die Aufgabe, ein Management-Audit bei den lokalen Führungskräften durchzuführen", berichtete Peter Busch. „Zuvor hatten wir in einem Workshop ein Anforderungsprofil erarbeitet unter dem Thema: Was sind die wichtigsten Eigenschaften einer Führungskraft bei *Nascar*? Hierzu zählten wir unter anderem unternehmerisches Denken und Handeln, Durchsetzungsvermögen, Eigeninitiative und Kritikfähigkeit. Aus diesem Anforderungsprofil heraus entwickelten wir einen Fragebogen für die späteren Gruppen- und Einzelinterviews sowie Rollenspiele, um das Führungsverhalten der Kandidaten zu testen.

Besonders gespannt war ich auf die Rollenspiele mit den chinesischen Führungskräften. Zunächst traute sich keiner, freiwillig nach vorne zu treten. Aber als ich dann die Rollen einteilte, nickten alle freundlich und versuchten, ihr Bestes zu geben. Es sollte ein Abmahnungsgespräch mit einem alkoholauffälligen Mitarbeiter geführt werden. Zu meinem Erstaunen wurde während des Gesprächs gar nicht auf das Fehlverhalten des Mitarbeiters eingegangen. Stattdessen lobte man sein loyales Verhalten gegenüber dem Unternehmen und seine Vorliebe für frisch gepresste Orangensäfte.

Ich war sprachlos. So hatte ich mir ein Kritikgespräch nicht vorgestellt. Die chinesischen Mitarbeiter entsprachen ganz und gar nicht dem Anforderungsprofil erfolgreicher Führungskrafte. Was ich nicht verstehen konnte, war der Umstand, dass sie trotzdem erfolgreich am Markt agierten."

Therapie: Angepasstes Führungsfeedback

Während in individualistisch geprägten Kulturen die Potenzialermittlung und Leistungsbeurteilung des einzelnen Mitarbeiters einen großen Stellenwert einnimmt, ist der Beitrag des Individuums in kollektivistischen Kulturen unerheblich. Demnach richtet sich die Beurteilung des Mitarbeiters nicht nach seinen individuellen Leistungen, sondern nach seinem Verhalten als Gruppenmitglied. Klassische Kriterien für die Verhaltensbeurteilung sind zum Beispiel Fairness, Kooperationsbereitschaft, Verständnis, Wissen, Kreativität, Geduld, Leistungswille und Kundenbewusstsein.

Erfolgt die Beurteilung im Wege eines 360-Grad-Feedbacks, so ist in vielen asiatischen Ländern eine Fremdbeurteilung des Mitarbeiters durch andere Mitarbeiter oder Arbeitskollegen nicht möglich. Aufgrund des Senioritätsprinzips darf ein älterer Mitarbeiter von einem jüngeren nicht beurteilt werden.

Erwartet der Vorgesetzte hingegen von seinen Mitarbeitern ein Feedback, so wird dies in kollektivistischen Kulturen mit einer großen Machtdistanz, wie zum Beispiel in Japan oder China, schwierig sein. Ein ehrlicher Meinungsaustausch könnte die Beziehung zum Vorgesetzten gefährden. Deshalb darf nur der Ranghöchste Kritik äußern. Dabei wird Positives konkret benannt und Negatives verschwiegen. Beim Nachfassen wird der Vorgesetzte nur ganz pauschale, positive Aussagen erhalten. Die Erwähnung von Dingen, die nicht stattgefunden haben, gilt als Anregung und Verbesserungsvorschlag.

Mangelnde Kontrolle

Keine Zeit haben

„Ich habe immer für euch Zeit, lautete die Devise unseres Vorstands", berichtete Simone Müller. „Er pflegte eine offene Kommunikation und legte viel Wert darauf, immer für alle Mitarbeiter da zu sein. Doch als ich einmal dringend mit ihm reden musste, war es unerwartet schwierig.

Wir waren gerade in der Angebotsphase für einen Großauftrag. Es sah so aus, als würde man uns den Zuschlag erteilen. Es gab nur noch einen Punkt zu modifizieren: Die Vertragslaufzeit sollte von zwei auf drei Jahre verlängert werden. Dies Entscheidung konnte nur der Vorstand treffen. Als ich ihn aufsuchte, stand seine Bürotür zwar offen, aber das Büro war leer. ‚Er ist in einem Meeting', erklärte seine Sekretärin. ‚Hinterlegen Sie eine Nachricht. Sobald er Zeit hat, wird er sich bei Ihnen melden.' Als ich am Abend noch immer keine Nachricht hatte, griff ich zum Telefon. ‚Ich rufe Sie unmittelbar zurück', klang es aus der Mailbox. Doch darauf wollte ich mich nicht verlassen. Zum Glück sah ich ihn wenig später auf dem Flur, wie er gehetzt in seinem Büro verschwand. ‚Jetzt nicht, ich habe keine Zeit', rief er mir entgegen. ‚Nichts ist so wichtig, dass es nicht bis morgen warten kann.' Warum hatte ich mir diesen Spruch nicht schriftlich geben lassen? Das fragte ich mich, als ich am nächsten Morgen zu einem empörten Verstand gerufen wurde. ‚Warum haben Sie mich nicht rechtzeitig über die Angebotsfrist informiert. Nun haben wir einen Millionenauftrag verloren.'"

Therapie: Mitarbeiterorientiertes Zeitmanagement

Sorgen Sie dafür, dass die wichtigsten Botschaften auch in der Hektik des Alltagsgeschäfts zu Ihnen durchdringen. Dazu dienen die folgenden Grundsätze:

- Klären Sie Ihre Mitarbeiter darüber auf, welche Informationen für Sie wichtig und dringlich sind, damit diese sofort zu Ihnen durchgestellt werden können.
- Nachrichten, die wichtig, aber nicht dringlich sind, sollten spätestens am nächsten Morgen zu Ihnen gelangen.
- Dringende, aber nicht wichtige Botschaften sollten zunächst von Ihren Mitarbeitern bearbeitet werden. Sic als Führungskraft würden die entsprechenden Aufgaben ohnehin an Ihre Mitarbeiter delegieren. Es reicht aus, wenn Sie über die Erledigung der Aufgaben informiert werden.
- Optimieren Sie die ständige Kommunikation mit Ihren Mitarbeitern nach Möglichkeit durch zwei wöchentliche Mitarbeiterbesprechungen, die wie folgt gestaltet werden können:
- Lassen Sie am Montagmorgen im Rahmen einer kurzen Besprechung Ihre Mitarbeiter über ihre wöchentlichen Ziele und Aufgaben berichten, damit jeder in Ihrer Abteilung weiß, wer mit welchen Arbeiten beschäftigt ist.
- Tauschen Sie sich am Freitagnachmittag in einer weiteren kurzen Mitarbeiterbesprechung über die Wochenergebnisse aus, damit jeder Mitarbeiter weiß, was die anderen geleistet haben und wo er nötigenfalls mit seinen Kompetenzen helfen kann.

Sinnlose Meetings

„Wie wäre es, wenn wir einmal die Kosten senken würden, die durch sinnlose Besprechungen entstehen?", setzte Peter Busch die Gesprächsrunde fort.

„Aus dieser Idee entstand bei *Nascar* ein großes Projekt unter dem Motto ‚Kostensenkung durch bessere Kommunikation'. Damit sich alle betroffenen Mitarbeiter beteiligen konnten, wurden zeitgleich Besprechungen in allen Unternehmensbereichen angesetzt. In der ersten Konferenzrunde sollte herausgefunden werden, wie die Besprechungskultur im Unternehmen beschaffen ist. Um ganz sicher zu gehen, dass auch alle Aspekte erfasst wurden, gab es über jede Sitzung ein ausführliches Protokoll, das die Aussagen der Teilnehmer teilweise wörtlich festhielt. Es dauerte einige Zeit, bis die Protokolle von den Teilnehmern genehmigt waren und versendet werden konnten. Im zweiten Schritt ging es darum, die Kosten zu schätzen, die durch Meetings entstehen können. Danach wurde der Zusammenhang zwischen Kosten und Nutzen von Besprechungen betrachtet. Momentan diskutieren wir darüber, ob es überhaupt beweisbar ist, dass Konferenzen sinnlos sein können.

Mir persönlich haben diese Besprechungen immer viel gegeben: Außer Kaffee und Gebäck gab es zahlreiche Möglichkeiten, mich zu präsentieren und meine rhetorischen Fähigkeiten zu testen. Da wir während der Besprechungen großen Wert darauf legten, ungestört zu sein, hatte ich endlich einmal Ruhe vor dem Alltagsstress. In dieser Hinsicht waren für mich diese Besprechungen schon nützlich."

Therapie: Besprechungsregeln aufstellen

Die folgenden Regeln helfen dabei, die Kosten für eine Besprechung in Grenzen zu halten:

- Die Tagesordnung wird nach den Kriterien der Dringlichkeit und Wichtigkeit so gestaltet, dass die Besprechung nach spätestens 1,5 Stunden beendet werden kann.
- Zu jedem Tagesordnungspunkt werden nur diejenigen Teilnehmer eingeladen, die als Betroffene etwas zu dem Thema beitragen können. Eine Teilnahme ist nur so lange erwünscht, wie die Anwesenheit notwendig ist.
- Für jeden Tagesordnungspunkt gibt es ein vorgeschriebenes Zeitlimit, das streng einzuhalten ist.
- Vor der Besprechung sind alle für die Sitzung wichtigen Informationen zusammenzustellen und von den eingeladenen Teilnehmern zu studieren.
- Jeder Teilnehmer erhält eine begrenzte Redezeit. Bei massiver Zeitüberschreitung wird eine Geldstrafe für die Kaffeekasse fällig.
- Bei Bedarf kann der Besprechungsleiter eine Besprechung hinter Stehpulten anordnen, um schneller zu Ergebnissen zu kommen.
- Die Praxis lehrt, dass in großen Organisationseinheiten die angestrebten Ergebnisse einer Besprechung schon im Vorhinein mit den Entscheidungsträgern abgestimmt wurden. Die spätere Besprechung dient dann nur noch der ‚Scheindemokratisierung'.

Unklare Zielvereinbarungen

„Bei *Nascar* werden die Manager nach ihrer Leistung bezahlt", behauptete Peter Busch. „Wer seine Jahresziele erreicht, bekommt einen Bonus. In unserer diesjährigen Zielvereinbarung wurde festgehalten, unseren Sportwagen, das D-Modell, bei größerer Fahrsicherheit um mindestens 75 Kilogramm leichter zu machen. Das Auto wurde von den Kunden als zu schwer und zu unsicher kritisiert, und auch der hohe Benzinverbrauch wurde bemängelt.

Schon nach drei Monaten erreichten die Ingenieure eine Reduzierung des Gewichts um 103 Kilogramm. Der Unterschied offenbarte sich schon beim Anblick des Innenraums. Die Rückbank war ausgebaut und durch eine Querstrebe und ein Trennnetz zur Ladegutsicherung ersetzt worden. Die Sportsitze hatten leichteren Recaro-Schalensitzen Platz gemacht, die ein Maximum an Seitenhalt bieten. Auf die Klimaautomatik hatte man verzichtet und stattdessen eine zwölf Kilogramm leichtere Heizung verbaut. Durch den Verzicht auf den permanenten Allradantrieb wurde nochmals Gewicht eingespart. Durch die Verlegung der Batterie ins Heck wurde die Gewichtsverteilung verbessert und zugleich damit die Sicherheit beim Fahren. ‚Gute Ideen', lobte der Entwicklungsleiter. ‚Aber leider haben Sie Ihr Konzept nicht mit der Marketingabteilung abgestimmt. Gerade der permanente Allradantrieb bietet gegenüber den Mitbewerbern ein deutliches Plus an Traktion und Sicherheit. Auf Klimaautomatik, Rückbank und Sportsitze wollen die Kunden nicht verzichten. Was nützt uns ein Sportwagen, der leichter ist, sich aber nicht vermarkten lässt?'"

Diagnose: Fehlerhafte Zielvorgaben

Bei der Formulierung und Setzung von Zielen schleichen sich schnell Fehler ein:

- Es werden ‚Nice-to-have'-Ziele vereinbart ohne einen direkten Bezug zum Unternehmenserfolg.
- Ziele werden zu vage formuliert und vereinbart, sie werden nicht nachhaltig betont und überprüft.
- Führungskräfte hängen der Vorstellung nach, sie müssten alle Ziele ‚basisdemokratisch' vereinbaren, und feilschen mit dem Mitarbeiter so lange, bis dieser die Vorgabe scheinbar akzeptiert.
- Es besteht kein Gleichgewicht zwischen den laufenden Aufgaben und den individuellen Zielvereinbarungen.
- Wirtschaftliche Ziele werden überbetont.
- Es kommt zu nicht durchdachten Zielkonflikten.

Praxistipps

- Vereinbaren Sie nur solche Ziele, die sich aus Ihren Unternehmenszielen ableiten lassen und den Erfolg direkt beeinflussen. Achten Sie darauf, dass es nicht zu widersprüchlichen Zielvereinbarungen kommt.
- Vereinbaren Sie klare, messbare und für Ihre Mitarbeiter erreichbare Ziele. Zeigen sich Abweichungen vom Ziel, besprechen Sie, was zu tun ist. Erfolge sollten Sie feiern.
- Geben Sie bei Aspekten, die nicht diskutiert werden sollen, ein klares Ziel vor. Lassen Sie Ihren Mitarbeitern in verhandelbaren Bereichen aber echten Spielraum.

Unehrliche Leistungsbeurteilung

„Unsere Leistungsbeurteilung ist an das Entgelt gekoppelt", erklärte Peter Busch. „Bei einer mittleren Beurteilung erhält der durchschnittliche Mitarbeiter eine zusätzliche Vergütung von 130 Prozent seines Monatsgehalts im Jahr. Dieses Geld hat er in der Regel schon in seinen jährlichen Ausgaben eingeplant. Und so wissen die Vorgesetzten schon, wie sie ihre Mitarbeiter zu beurteilen haben. Nur Hubert Specht, ein neuer Abteilungsleiter in der Produktion, kannte die Spielregeln noch nicht. Seiner Ansicht nach waren die meisten Schichtarbeiter bisher zu gut bewertet worden. ‚Die Gruppenbewertung stimmt zwar', sagte er, ‚aber wenn ich eure Einzelleistungen betrachte, ist jeder dritte von euch zu positiv beurteilt worden. Das werden wir in der jetzigen Beurteilungsrunde korrigieren. Ich sehe nicht ein, dass einige Mitarbeiter sich auf den Lorbeeren der Gruppe ausruhen.'

Diese Äußerung brachte sehr viel Unruhe in die Schicht. Wie konnte der neue Vorgesetzte es wagen, das Urteilsvermögen ihres früheren Chefs in Zweifel zu ziehen! Der Betriebsrat schaltete sich ein. Hinter verschlossener Türe gab man Specht zu verstehen, dass man keinen Ärger im Betrieb haben wolle. In der Schicht arbeiteten viele Ausländer. Man wolle gegenüber niemandem als ausländerfeindlich gelten. Im Übrigen gebe es auch keinen wirtschaftlichen Grund, die Mitarbeiter schlechter zu beurteilen. Für die Beurteilungsrunde stünde ihm das gleiche Budget zu wie letztes Jahr. Außerdem solle der neue Vorgesetzte bedenken, dass er sich noch in der Probezeit befinde."

Diagnose: Klassische Beurteilungsfehler

Entgeltorientierte Leistungsbeurteilungen sind aufgrund von klassischen Beurteilungsfehlern für ein Unternehmen in der Regel sehr kostspielig:

- Die Tendenz zur Mitte bedeutet, dass der Maßstab zur Leistungsbeurteilung unsachgemäß angewandt wird. Der Beurteilende wählt überproportional häufig mittlere Urteilswerte auf den Skalen, die den tatsächlichen Leistungen in vielen Fällen nicht angemessen sind.
- Bei der Tendenz zur Milde erfolgt eine unzutreffende Beurteilung, indem die Vorgesetzten in ihren Wertungen auf Skalen durchschnittlich im Vergleich zu anderen Beurteilenden nach oben abweichen. Dadurch besteht die Gefahr, dass durchschnittliche Mitarbeiter in wenigen Jahren zur bestmöglichsten Beurteilung gelangen, die ihnen eigentlich gar nicht zusteht.
- Oft werden Beurteilungen zweckentfremdet, zum Beispiel, um einem Mitarbeiter eine bestimmte Zulage zuzuspielen.
- Selten findet man bei einem Beurteilenden die Tendenz zu übermäßiger Strenge. Aufgrund eines sehr hohen Anspruchsniveaus stuft er die Mitarbeiter im Vergleich zu anderen Beurteilenden zu niedrig ein.
- Sympathiefehler machen eine Beurteilung leicht zu einem willkürlichen Instrument der Vorgesetzten.

Experten gehen davon aus, dass ein entgeltbezogenes Beurteilungssystem nach fünf bis sieben Jahren ausgereizt ist.

Falscher Umgang mit Leistungsschwachen

Paul Schmidt berichtete: „Ich hatte eine neue Mitareiterin, Frau Huber, kurz zuvor von der Nachbarabteilung übernommen. Sie wurde von ihrem Chef als Leistungsträgerin empfohlen. Schon in den ersten Tagen kam sie zu spät zur Arbeit, fehlte häufig und zeigte wenig Engagement und Interesse. Beim ersten Mitarbeitergespräch stellte ich fest, dass sie ihre Scheidung nicht überwunden hatte und noch immer unter Depressionen litt. Das kann vorkommen, dachte ich. Als drei Monate später aber die Leistungen noch immer nicht besser wurden, erwog ich ernsthafte Konsequenzen.

Ich dachte an den Fall von Dr. Anton Hauser, der meiner Abteilung nur kurze Zeit angehört hatte. In meinen Augen war er ein Versager. Damals hatte ich ihn weggelobt. Und so wurde er bis zu seiner Inkompetenz befördert – bis in die Geschäftsleitung einer Filiale. Wie vorauszusehen, ging das Einkaufszentrum später in Konkurs und 183 Mitarbeiter wurden arbeitslos. Ich fühlte mich schuldig. Mit einer ehrlichen Beurteilung hätte ich dies verhindern können. Dies sollte mir nie wieder passieren. Als ich Frau Huber eine Abmahnung erteilen wollte, bat mich der Personalchef zu sich. Ob ich nicht wisse, dass Frau Huber die Geliebte des Vorstands sei, fragte er mich. Ich verzichtete auf die geplante Abmahnung – eine Entscheidung, die ich später noch bereuen sollte, als man mir wegen der schlechten Abteilungsergebnisse meinen jährlichen Leistungsbonus kürzte."

Therapie: Performance Management

Checkliste Leistungsförderung

- Gibt es ein leistungsförderndes, an den Unternehmenszielen ausgerichtetes Performance-Managementsystem?
- Unterliegen alle Mitarbeitergruppen diesem System?
- Wissen die Mitarbeiter, wie sie die Unternehmensziele unterstützen können?
- Verstehen alle Mitarbeiter, wie sie an ihren Zielen gemessen werden?
- Werden mit allen Mitarbeitern jährliche Mitarbeitergespräche und ggf. Meilensteingespräche geführt?
- Gibt es eine 360-Grad-Beurteilung, bei der die Führungskräfte von ihrem Vorgesetzten, den Kollegen und Kunden sowie von ihren Mitarbeitern beurteilt werden?
- Ist die Mitarbeiterleistung dokumentiert, und ist die Dokumentation für Mitarbeiter und Führungskraft jederzeit abrufbar?
- Was wird für alle Mitarbeiter – für Spitzenkräfte und Leistungsstarke ebenso wie für Leistungsschwache – getan, um die Leistung zu halten beziehungsweise zu steigern?
- Nehmen die Mitarbeiter zu mindestens 90 Prozent an einer regelmäßigen Mitarbeiterbefragung teil?
- Werden aus den Ergebnissen der Mitarbeiterbefragung Maßnahmen abgeleitet? Werden diese umgesetzt und kommuniziert?

Ergebnislose Mitarbeitergespräche

„Die Mitarbeitergespräche waren mir immer sehr lästig", gestand Simone Müller. „Meine Mitarbeiter habe ich täglich gesehen und gesprochen. Warum sollte ich dann einmal im Jahr ein verordnetes Mitarbeitergespräch durchführen? Mit dieser Einstellung ging ich vor einigen Jahren in das Mitarbeitergespräch mit Willi Barsch.

‚Es ist wieder einmal so weit', begrüßte ich ihn. ‚Keine Angst, es dauert nur 20 Minuten. Wie du weißt, soll ich mit dir heute über deine Leistung sprechen. Und wie jedes Jahr hast du Gelegenheit, mir mal deine Meinung über unsere Abteilung zu sagen und Verbesserungsvorschläge für mein Führungsverhalten zu machen. Wir alle wissen, dass du nicht unser Leistungsträger bist. Doch was nützt es, wenn ich dir eine schlechte Beurteilung schreibe. Dadurch wird deine Motivation auch nicht besser. Vielleicht könntest du ja zur Entwicklung deiner Persönlichkeit mal wieder ein Vertriebstraining besuchen.' Dann schellte unerwartet das Telefon. ‚Entschuldige', sagte ich, ‚den Termin mit der Firma *Unruhe* habe ich ganz vergessen. Wir können ja nächstes Mal über deine Meinung sprechen.'

Als ich von dem Termin zurückkam, lag auf dem Schreibtisch die Kündigung von Barsch. Er hatte ohne mein Wissen ein Fernstudium der Betriebswirtschaftslehre abgeschlossen und ein Jobangebot als Vertriebsleiter bei der Konkurrenz angenommen. ‚Warum hast du mir das nicht vorher gesagt?', fragte ich ihn bei seiner Abschiedsfeier. ‚Es hat dich ja nicht interessiert', gab er mir zur Antwort."

Therapie: Mitarbeitergespräche ernst nehmen

Ein gutes Mitarbeitergespräch nützt sowohl den beteiligten Personen als auch der gesamten Organisation. In der Beziehung zwischen dem Vorgesetzten und dem Mitarbeiter fördert die gegenseitige Rückmeldung die Offenheit füreinander. Abseits von der alltäglichen Arbeitsroutine entsteht ein direkter Kontakt. Es gibt Möglichkeiten, Themen anzuschneiden, die im Alltag untergehen. Unabhängig von ihrer Rolle und Funktion kann die Führungskraft mit dem Mitarbeiter als Mensch kommunizieren. Selbst- und Fremdmotivation können dadurch gestärkt werden.

Für die Organisationseinheit zahlt es sich aus, wenn durch gemeinsame Vereinbarungen die Aufgaben noch besser erfüllt werden. Gesamt- und Teilziele können besser aufeinander abgestimmt werden. Durch die Einbeziehung der Erfahrung und des Wissens der Mitarbeiter verstärkt sich die Identifikation mit den Abteilungsaufgaben. Durch klare Zielvereinbarungen werden Reibungsverluste vermieden.

Das Mitarbeitergespräch ist ein Instrument der kooperativen Mitarbeiterführung und soll langfristig ein Arbeitsklima schaffen, das durch gegenseitiges Vertrauen geprägt ist. Ob diese Möglichkeit von Vorgesetzten realisiert und vom Mitarbeiter als Chance wahrgenommen wird, hängt von der Glaubwürdigkeit des Führungsstils ab.

Fehlende Organisation

Fehlerhafte Mitarbeiterauswahl

„Die Auswahl unserer Führungskräfte erfolgte bei *Nascar* sehr professionell und schnell", berichtete Peter Busch. „Bei der letzten Einstellungsentscheidung war ich beteiligt. Es ging um die Besetzung einer Assistentin für unseren Einkaufsleiter, Herrn Fischer.

Eigentlich war die Entscheidung schon gefallen, als Frau Hofmann den Raum betrat. Sie kam aufgrund einer besonderen Empfehlung unseres Personalchefs, mit dessen Tochter sie Betriebswirtschaftslehre studiert hatte. Ihre Zeugnisse waren zwar nur durchschnittlich, aber nach ihrem Passbild entsprach sie genau den Schönheitsvorstellungen unseres Einkaufsleiters, der besonderen Wert auf ein gepflegtes Erscheinungsbild legte. Dann unterhielt sie sich angeregt mit Fischer über dessen Lieblingsthema: Golfen in der Karibik. Unser Einkaufsleiter erzählte ausgiebig von seinen Golferlebnissen. Am Ende des Gesprächs stellte er fest, dass er endlich jemanden getroffen hatte, mit dem er sich ausgezeichnet verstand. Der Personalchef solle sofort den Arbeitsvertrag zur Unterschrift vorbereiten.

Frau Hofmann begann einige Wochen später. Fischers ursprüngliche Begeisterung legte sich aber schnell. Er musste feststellen, dass sie unpünktlich zur Arbeit kam, ungenau arbeitete und regelmäßig vor den Wochenenden krankfeierte. Noch vor dem Ende der Probezeit musste sie das Unternehmen verlassen."

Diagnose: Klassische Beurteilungsfehler

Es gibt zahlreiche Beurteilungsfehler, die – nicht nur im Vorstellungsgespräch – zu Fehleinschätzungen führen:

- *Urteile aufgrund von Aussagen Dritter.* Die Meinung anderer wird unreflektiert übernommen.
- *Überstrahlung oder „Halo-Effekt".* Von einer einzigen auffälligen Leistung wird auf das Gesamtbild geschlossen.
- *Primacy-Effekt.* Auf der Grundlage des ersten Eindrucks werden voreilige Schlussfolgerungen gezogen.
- *Pygmalion-Effekt.* Erwartungen werden zur sich selbst erfüllenden Prophezeiung.
- *Kontrast-Effekt.* Ein durchschnittlicher Bewerber wirkt in einer Gruppe schwacher Kandidaten leistungsstark.
- *Recency-Effekt.* Der letzte Eindruck bleibt hängen.
- *Stereotypen.* Die Beobachtung wird von Stereotypen oder eigener Sympathie oder Antipathie beeinflusst.

Praxistipps

Um Beurteilungsfehler zu vermeiden, empfiehlt es sich,

- sich die Fehlerquellen bewusst zu machen,
- zwischen Beobachtung und Beurteilung zu trennen,
- erst genügend Fakten zu sammeln,
- Beobachtungen sofort zu notieren,
- nur wirklich relevante Beobachtungen zur Beurteilung heranzuziehen,
- die Urteile mit anderen zu besprechen und
- die Urteilssituation hinsichtlich der verfügbaren Zeit und der eigenen Stimmungslage bewusst zu gestalten.

Fehlerhafte Delegation

„Das Schöne an der Vorgesetztenfunktion ist, dass man nicht alles selbst machen muss", schwärmte Simone Müller. „Zum Glück hatte ich mit Rick einen sehr kompetenten Stellvertreter, dem ich viele Aufgaben übertragen konnte, sodass ich genügend Zeit hatte, um mich den wirklich wichtigen Themen zu widmen. Als ich vor einigen Wochen überraschend nach München fliegen musste, um einen Geschäftstermin wahrzunehmen, war ich froh, dass ich Rick noch telefonisch erreichen konnte, bevor er ins Wochenende ging. ‚Hallo Rick', sagte ich, ‚geh mal in mein Büro. Dort findest du eine Liste mit den neuen Mobiltelefonen, für die wir im Frühjahrskatalog Werbung machen wollen. Du weißt schon, welche ich meine. Gib sie bitte an die Druckerei weiter. Vielleicht kannst du auch noch die Preiskalkulation für das Angebot in der nächsten Woche erstellen. Und erledige die Sache mit Frau Hauenstein. Wir sehen uns dann.'

Die böse Überraschung kam, als ich am darauf folgenden Montag im Büro erschien und im Frühjahrskatalog die Werbung für Mobiltelefone sah. Rick hatte auf den falschen Papierstapel gegriffen und eine veraltete Liste weitergereicht. Und auf die Preiskalkulation konnte ich lange warten. Als ich nachfragte, sagte er, dass er die Sache nicht als einen dringenden Auftrag, sondern als Anfrage verstanden habe. Und die Angelegenheit mit Frau Hauenstein hatte sich auch erledigt. Anstatt unserer Kundin zum Geburtstag zu gratulieren, hatte Rick ihr die Klageandrohung wegen der noch nicht bezahlten Rechnung geschickt."

Diagnose: Häufige Delegationsfehler

Bei der Delegation von Aufgaben unterlaufen der Führungskraft oft folgende Fehler:

- Delegation einzig von unattraktiven Aufgaben,
- Delegation zum letztmöglichen Zeitpunkt,
- zu anspruchsvolle Aufgaben ohne Unterstützung,
- Vorschreiben des Weges zur Zielerreichung,
- Dazwischenfunken der Führungskraft,
- Delegation an mehrere Mitarbeiter,
- keine Informationen über Prioritäten,
- keine Ressourcen für die Aufgabenerfüllung,
- keine eindeutigen Qualitätskriterien,
- keine vorher festgelegten Erfolgskriterien,
- mangelnde Ergebniskontrolle,
- kein Feedback,
- Delegation an ungeeignete Mitarbeiter,
- Rückdelegation an den Vorgesetzten.

Eine mangelhafte Delegation verursacht unnötige Mehrarbeit für den Vorgesetzten. Die richtige Delegation hingegen entlastet nicht nur die Führungskraft, sondern motiviert auch den Mitarbeiter zu besseren Leistungen.

Nutzlose Weiterbildung

„Mit Weiterbildungsseminaren lässt sich viel Geld machen", stellte Paul Schmidt fest. „Ob es sich lohnt und rechnet, ist manchmal vorher nicht abzusehen. Ich denke da an Anton Müller, unseren Verkaufsleiter in der Elektroabteilung. Einige Mitarbeiter hatten sich über seinen Führungsstil beschwert. Da schickte unsere Müller auf ein Seminar, damit er mal etwas von Führung lernt. ‚Kompetent führen in zwei Tagen' stand auf der Programmausschreibung eines renommierten Seminarveranstalters. Wir waren alle gespannt, ob Müller noch lernfähig war.

Müller kam voller Begeisterung von dem Seminar zurück. Es sei toll gewesen, sagte er. Gutes Essen, beheizter Swimmingpool und interessante Teilnehmer. Er wisse jetzt, wie er auftreten müsse, damit seine Mitarbeiter tun, was er sage. Der sonst etwas schüchtern wirkende Müller trat nun dynamischer und forscher auf. Für die Mitarbeiter war es ganz ungewohnt, dass er plötzlich morgens jeden persönlich begrüßte und sich Zeit für ein kurzes Gespräch nahm. Allerdings schaute er dabei nervös auf seine Uhr, sagte gestresst ‚Ja, ja' und schien nicht richtig zuzuhören. Vielleicht war es nur eine Frage der Zeit, bis sich seine Mitarbeiter an den neuen Führungsstil gewöhnt haben würden.

Und tatsächlich veränderte sich etwas. Nicht bei den Mitarbeitern, die Müller für unglaubwürdig hielten, sondern bei Müller selbst. Dieser wurde wieder zurückhaltender und stiller und fand wieder seinen alten Stil. Das Geld hätte man lieber in andere Maßnahmen investieren sollen."

Therapie: Maßgeschneiderte Weiterbildung

Keine Qualifizierung nach dem Gießkannenprinzip, so lautet eine Weisheit der Personalentwickler. Das Ziel und der Zweck der betrieblichen Weiterbildung ergeben sich aus der Unternehmensstrategie und einer vorherigen Bedarfsanalyse:

- Welche Stärken hat der Mitarbeiter in den Bereichen Kompetenzen, Erfahrungen, Einstellungen/Motivation und Interessen?
- Welche fachlichen und persönlichen Defizite hat er?
- Lassen sich die Defizite durch Weiterbildung abbauen?

Die Weiterbildung im Management umfasst die Schulung der Fach-, Methoden- und Sozialkompetenz. Für jede Art der Weiterbildung werden Zeitaufwand und Kosten zueinander in Beziehung gesetzt.

Fehlende Organisation

Kein Know-how-Transfer

„Ich möchte nicht wissen, wie viel ungenutztes Know-how es in unserem Unternehmen gibt", warf Paul Schmidt nachdenklich ein. „Neulich stand die Revision unseres Konzerns vor einem Problem. Die neue Software für unser Controllingsystem stürzte immer wieder ab und gab Meldungen über Fehler, die wir nicht beheben konnten. Unser Systemadministrator war im Urlaub, und sein Stellvertreter kannte sich mit dem Softwaremodul nicht aus. Deshalb riefen wir die Kundenhotline des Herstellers an. Als wir endlich durchgestellt wurden, gab man uns einen Rat. Nach etlichen Versuchen stürzte das System endgültig ab. Herr Huber, einer unserer Außendienstmitarbeiter, musste aus München eingeflogen werden.

Erfreulicherweise brauchte er nur wenige Minuten, um den Softwarefehler zu erkennen und das System neu zu programmieren. Die Anreisekosten waren höher als sein Arbeitslohn. ‚Das hättet ihr auch preiswerter haben können', sagte er beim Abschied. ‚Warum habt ihr nicht euren Kollegen Riedel in der Buchhaltung gefragt? Bei ihm habe ich mein Softwarewissen gelernt. Bevor er sich beruflich veränderte und von München nach Düsseldorf zog, war er Präsident unseres Computer-Hobby-Clubs.'"

Therapie: Know-how-Transfer fördern

In Ihrem Unternehmen gibt es mehr Know-how, als Sie vermuten. Kennen Sie die Interessen und Hobbys Ihrer Mitarbeiter? Wissen Sie, was Ihre Kollegen in ihrer Freizeit machen? Gestalten Sie die Weiterbildung in Ihrem Bereich systematisch:

- Keine Weiterbildung ohne Zielvereinbarung. Nach einer Qualifizierungsmaßnahme sollte der Mitarbeiter mindestens drei Ergebnisse im Unternehmen umsetzen.
- Führen Sie ein Vorbereitungsgespräch, in dem Sie die Erwartungen von Führungskraft und Mitarbeiter klären.
- Sorgen Sie für eine zügige Durchführung der Qualifizierungsmaßnahme, die auch auf einen Praxistransfer vorbereiten sollte.
- Klären Sie nach der Qualifizierung in einem Auswertungsgespräch die Konsequenzen der Maßnahme für die Alltagspraxis.
- Begleiten Sie die Anwendung der erworbenen Kenntnisse in der Alltagspraxis.
- Führen Sie drei Monate nach der Qualifizierung ein weiteres Transfergespräch, in dem Sie nochmals eine Umsetzungskontrolle durchführen.
- Sorgen Sie dafür, dass die erworbenen Kenntnisse im Unternehmen weitergegeben werden. Laden Sie Ihre Mitarbeiter zu einer innerbetrieblichen Qualifizierung ein, bei der Mitarbeiter andere Mitarbeiter schulen.

Unproduktive Tätigkeiten

„Man glaubt kaum, wie schnell ein Tag vergeht, an dem man beschäftigt war, ohne etwas geleistet zu haben", berichtete Paul Schmidt. „Morgens eine Stunde im Düsseldorfer Stau gestanden, noch pünktlich zur Besprechung um 9 Uhr gekommen, danach die Post überflogen, mit Frau Mayer zu Mittag gegessen, Strategiebesprechung, wichtige Anrufe angenommen, unverhoffte Besucher empfangen und schließlich noch zwei Sitzungsprotokolle gelesen. Zwischenzeitlich dauernd Mails gelesen, die rasch beantwortet werden mussten. Am Abend hatte ich alle Punkte aus meinem Terminplaner erledigt. Aber dennoch hatte ich das Gefühl, nichts Wichtiges bewegt zu haben."

„Das kenne ich", gab Peter Busch zu. „Aber im Managementalltag bleibt oft keine Zeit, um sich auf das wirklich Wichtige zu besinnen. Die Geschäftsführung verlangt jederzeitige Erreichbarkeit bis spät Abends. Jeder Anruf muss spätestens nach dreimaligem Schellen angenommen, jede Mail innerhalb von sechs Stunden beantwortet werden. Unser Vorstand macht manchmal Testanrufe und freut sich diebisch, wenn einer seinen Test nicht besteht."

Therapie: Prioritäten setzen

> *„Zeitmanagement ist Unsinn. Sie können die Zeit nicht managen – nur Ihr Verhalten." Michael Kastner, deutscher Psychologe und Hochschullehrer, *1946*

- Seien Sie morgens eine Stunde früher im Büro als Ihre Mitarbeiter. So vermeiden Sie den Morgenstau und haben Zeit, die wichtigen Tagesaufgaben vorzubereiten.
- Bleiben Sie abends noch eine Stunde länger. Nutzen Sie die stille Zeit, um die Tagesereignisse nachzuarbeiten. Nehmen Sie keine Arbeit mit nach Hause. Schalten Sie bewusst ab, um danach für die Familie da zu sein.
- Arbeiten Sie an wirklich wichtigen Themen. Bestimmen Sie die erfolgskritischen Punkte, die Sie unbedingt beachten müssen, um Ihren Job zu behalten. Warum hat man Sie eingestellt? Was dürfen Sie keinesfalls vernachlässigen?
- Vernachlässigen Sie das Beziehungsmanagement nicht. Pflegen Sie den regelmäßigen Kontakt zu wichtigen Entscheidungsträgern. Bleiben Sie im Gespräch mit Ihren Netzwerkpartnern.
- Arbeiten Sie nach Zeitblöcken und Prioritäten. Erledigen Sie Dinge, die wichtig und zugleich dringlich sind, sofort, nehmen Sie das nur Wichtige, aber weniger Dringliche in Ihren Zeitplan auf und delegieren Sie Dinge, die anscheinend dringend sind, aber nicht wichtig. Alle anderen Aufgaben gehören in den Papierkorb.

Fehler im Krisenmanagement

Die zweite Weinflasche hat Kollege Busch gewonnen", meinte Simone Müller, „herzlichen Glückwunsch. Bei dieser Vielzahl von Managementfehlern ist es kein Wunder, dass viele Unternehmen in die Krise geraten", stellte Paul Schmidt fest. „Ich möchte gar nicht wissen, was alles dann schief läuft, wenn es darum geht, diese Krisen zu bewältigen. Lasst uns beginnen..."

Unzulängliche Unternehmenskultur

Keine Fehlerkultur

„Wir bei *Nascar* sind sehr stolz darauf, dass es uns gelingt, unsere Fehlerquote gering zu halten", berichtete Peter Busch. „Unser Qualitätsmanager Herr Sorgsam hat bei uns das Null-Fehler-Management eingeführt und wurde dafür sogar in unsere deutsche Geschäftsführung berufen.

Einmal hatte ich die Gelegenheit, Sorgsam in seinem Büro zu besuchen. Auf seinem Schreibtisch lag der Katalog zu unserem neuesten Modell, der Limousine TXL. ‚Dies ist ein Fahrzeug der neuen Generation', berichtete er. ‚Noch nie haben wir so viel Elektronik in ein Auto eingebaut, um die Sicherheit der Insassen zu erhöhen. Und noch nie hatten wir so viele Reklamationen wegen der angeblich nicht funktionierenden Elektronik. Ich verstehe das nicht. Mal geht das Radio nicht, dann fällt die Telefonanlage aus. Manchmal soll sich sogar der Motor während der Fahrt ausschalten. Täglich werden neue Fehler gemeldet, die für mich als Ingenieur nicht nachvollziehbar sind. Denn immer, wenn wir die Fahrzeuge an unsere Werkstattcomputer anschließen, bekommen wir die Meldung, dass alles in Ordnung ist. Fehler, die wir in unseren Werkstätten nicht überprüfen können, dürfen wir gegenüber unseren Kunden niemals eingestehen. Wir würden uns sonst gegenüber unseren Mitarbeitern unglaubwürdig machen.

Heute bekam ich die Nachricht, dass bei einigen Fahrzeugen sogar das Bremssystem versagt hat. Eigentlich müssten wir eine Rückrufaktion einleiten. Doch wissen Sie, was eine solche Aktion kostet? Ich möchte diese Entscheidung nicht verantworten. Warten wir erst einmal ab, bis der öffentliche Druck steigt. Solange nicht der Staatsanwalt ermittelt, ist es nicht notwendig, sich über angebliche Fehler ernsthafte Gedanken zu machen. Allerdings werden wir bei der nächsten Modifizierung des Modells 80 Prozent der Elektronik wieder rausnehmen. Damit werden wir dann wohl die meisten unkontrollierbaren Fehler vermeiden.'"

Diagnose: Fehler werden tabuisiert

Befragt man Manager über die Fehlerkultur in ihrem Hause, so hört man öfters die folgenden Antworten:

- Bei dem Tagesstress ist es kaum möglich, sich mit Fehlern zu beschäftigen.
- Oft habe ich die Realität auch verdrängt und mich einseitig auf das Erreichen meiner Planzahlen konzentriert. Solange die Jahresziele erreicht wurden, war alles in Ordnung.
- Bei unserer Null-Fehler-Mentalität fehlt mir manchmal der Mut, mir Fehler frühzeitig einzugestehen. So haben wir oft zu lange an falschen Entscheidungen festgehalten.

- Bei uns gilt es als Führungsschwäche, seine Ansicht zu revidieren. Einen Fehler einzugestehen, würde mich den Job kosten.'
- In unserem Unternehmen war man erfolgreich, wenn man es fertig brachte, das Projekt einem Nachfolger zu übergeben. Der hat dann oft blind der Balanced Scorecard vertraut, falsche Schlüsse gezogen und systematische Fehlentscheidungen getroffen.'

Unternehmen mit einer Fehlerkultur lehnen Kulturen ab, in denen keine Fehler gemacht werden dürfen (Null-Fehler-Kultur). In der Praxis wird man jedoch kaum eine gelebte Fehlerkultur vorfinden. Welches Unternehmen vergibt zum Beispiel eine Prämie für gescheiterte Projekte?

Therapie: Fehlerkultur schaffen

- Wenn man nichts falsch machen darf, ist es schwer, etwas richtig zu machen. Fehler sind wichtige Bestandteile des Lernens. Propagieren Sie nicht, dass Fehler um jeden Preis vermieden werden müssen. Dadurch nehmen Sie Ihrem Unternehmen eine wichtige Lernerfahrung.
- Schaffen Sie ein unternehmensinternes Fehlerforum, bei dem sanktionsfrei über Fehler diskutiert werden kann, um langfristig die eigene Haltung und Meinung über Fehler im Beruf zu überdenken. Sofern die Unternehmenskultur für eine offene Diskussion noch nicht reif ist, hilft es, wenn die Mitarbeiter dabei anonym bleiben können.

- Fehler sind nützlich – aber nur, wenn man sie schnell findet. Sanktionieren Sie Handlungen Ihrer Mitarbeiter, die der Fehlervertuschung dienen.
- Sorgen Sie dafür, dass bei einem Fehler sofort untersucht wird, warum er aufgetreten ist. Vergeben Sie Prämien und Anreize für die schnelle Fehlerfindung und die erfolgreiche Problemlösung. Wer Fehler regelmäßig aufarbeitet, verhindert ihre Wiederholung.

Sammeln Sie die wichtigen Fehler und stellen Sie deren Lösungen allen Mitarbeitern zur Verfügung. Nennen Sie Ansprechpartner für berufliche Themenfelder.

Schlechte Vorbilder

„Krisenzeiten lassen sich leicht überwinden, wenn wir Vorbilder haben", sagte Simone Müller. „Doch die Glaubwürdigkeit unseres Managements stand für mich als Führungskraft nicht immer außer Zweifel.

Eines Tages wurde es mir zu bunt. Ich ließ mir sofort einen Termin bei unserem Geschäftsführer geben. ‚Herr Bluthaupt', sagte ich, ‚was sollen diese Gerüchte über Ihren neuen Dienstwagen? Ich dachte, wir müssten Kosten sparen. Wie soll ich das meinen Mitarbeitern erklären, die freiwillig auf ihr Weihnachts- und Urlaubsgeld verzichten?' –‚Sie wissen doch', erwiderte Bluthaupt, ‚dass der Leasingvertrag ausgelaufen ist und wir uns aus steuerrechtlichen Gründen einen neuen Wagen anschaffen müssen. Gerade dadurch sparen wir Kosten. Ich verstehe nicht, warum sich die Mitarbeiter immer über Dinge aufregen, die sie nichts angehen. Selbstverständlich stellen wir trotz Einstellungsstopp neue Führungskräfte bei uns ein, um die alten zu ersetzen. Natürlich bauen wir trotz der Profite in Deutschland hier weiterhin Personal ab, um langfristig wettbewerbesfähig zu bleiben. Und dass wir die Gehälter der Geschäftsführung erhöhen, ergibt sich von selbst. Schließlich sind wir die wirklichen Leistungsträger, die dafür sorgen, dass das Unternehmen die Krise überleben wird. Und wenn Ihre Mitarbeiter das nicht verstehen, haben Sie als Führungskraft einen schlechten Job gemacht. Schließlich ist es Ihre Aufgabe, Unternehmensentscheidungen glaubhaft zu kommunizieren.'"

Therapie: Glaubwürdigkeitsverluste vermeiden

Ein Fehler, der abgestritten wird, wird zweimal begangen.
Sprichwort aus Spanien

Je glaubwürdiger Sie sind, desto eher gelingt es Ihnen, unbequeme Anweisungen durchzusetzen:

- Trennen Sie sich von der Vorstellung, dass Sie es als Führungskraft allen Mitarbeitern recht machen können. Wenn sie das versuchen, werden Sie scheitern, und Ihre Glaubwürdigkeit wird leiden.
- Vermeiden Sie Populismus und prüfen Sie bei Entscheidungen, ob Sie diese auch durchsetzen können. Jede Entscheidung, die Sie zurücknehmen müssen, schadet Ihrer Glaubwürdigkeit.
- Verstoßen Sie nicht gegen ungeschriebene Regeln, die sich aus der Unternehmenskultur ergeben.
- Bleiben Sie ehrlich. Sie müssen nicht alles erwähnen, was Sie wissen. Aber wenn Sie etwas sagen, sollten Sie ehrlich sein.
- Geben Sie Fehler offen zu. Wenn es angebracht ist, üben Sie durchaus auch einmal Selbstkritik. Dies steigert Ihre Glaubwürdigkeit.
- Ändern Sie nicht allzu häufig die Ziele, die Sie Ihrem Team vorgeben. Suchen Sie sich aus der Vielzahl von Zielen, die Sie verfolgen, eines besonders wichtiges heraus, das Sie propagieren und als Leitbild vermitteln wollen. Die anderen Ziele haben sich diesem Leitbild unterzuordnen. Damit geben Sie Ihren Mitarbeitern Orientierung.

Fehlende Veränderungsbereitschaft

„Dank der eingeleiteten Maßnahmen waren wir sicher, die Krise überwunden zu haben", berichtete Paul Schmidt. „In einem Visions-Workshop erarbeiteten wir 135 konkrete Veränderungsvorschläge, die wir in einzelne Projekte überführten und innerhalb eines halben Jahres umsetzen mussten. Dazu erarbeiteten wir ausführliche Pläne mit konkreten Anweisungen und umfangreichen Handbüchern. Pünktlich mit der Verteilung der neuen Unternehmensbroschüre feierten wir offiziell den Abschluss der gelungenen Veränderung. ‚Damit haben wir auch dieses große Projekt erfolgreich hinter uns gebracht', verkündete der Finanzvorstand stolz.

‚Herzlichen Glückwunsch, Friedhelm', bedankte sich der Vorstandssprecher bei seinem Kollegen. ‚Wie hast du es geschafft, den Wandel so schnell voranzutreiben? Ich glaube, dein Erfolgsgeheimnis besteht darin, dass du eigentlich keinem etwas genommen hast. Jeder konnte an der alten Organisation und an den bestehenden Titeln und Stellen festhalten. Wir haben lediglich die Arbeitsinhalte optimiert und die notwendigen Veränderungsschritte hervorragend dokumentiert. Damit können wir wieder zum Tagesgeschäft übergehen', sagte er und wünschte uns zum Schluss ein schönes Wochenende. Nach der Feier gingen alle erleichtert nach Hause. Wieder einmal hatten wir eine Veränderung erfolgreich hinter uns gebracht. Und niemand brauchte sich Sorgen um die weitere Umsetzung der Maßnahmen zu machen. Es war ja alles in den Handbüchern beschrieben. Und so blieb alles beim Alten und nichts veränderte sich."

Therapie: Veränderungsfähigkeit sicherstellen

Überprüfen Sie, ob Ihr Unternehmen die notwendige Veränderungsbereitschaft sichergestellt hat.

Checkliste Veränderungsfähigkeit

• Gibt es einen Ansprechpartner, der für die Veränderungsfähigkeit des Unternehmens verantwortlich ist und der direkt an die Geschäftsführung berichtet?
• Verfügt die Personalabteilung über adäquate Methoden zur Einleitung und Begleitung von Veränderungsprozessen, wie zum Beispiel Diagnoseinstrumente, Methoden zur Prozessbegleitung, Organisationsentwicklungskonzepte, Kommunikations- und Partizipationsmodelle sowie Evaluationsinstrumente?
• Sind die individuellen Arbeitsverträge und Betriebsvereinbarungen so gestaltet, dass bei Bedarf schnelle Veränderungen möglich sind?
• Ist das Thema ‚Veränderungsfähigkeit des Unternehmens und seiner Mitarbeiter' Bestandteil der jährlichen Mitarbeiterbefragungen?
• Beteiligt sich das Unternehmen an externen Benchmarks zur Veränderungsfähigkeit und -bereitschaft? Werden aus dem Benchmarking Maßnahmen abgeleitet und werden diese konsequent umgesetzt?
• Wird schon im Auswahlprozess auf die Veränderungsfähigkeit und -bereitschaft der neu einzustellenden Mitarbeiter geachtet?
• Besteht ein gut funktionierendes Ideenmanagement?

Verdeckte Machtkämpfe

„Eigentlich ging es bei der Krisenkonferenz nur darum, Vorschläge zur Optimierung in den einzelnen Unternehmensbereichen zu unterbreiten", erzählte Simone Müller. „Doch natürlich hatte es unser Finanzchef, Herr Sparsam, mal wieder auf unsere Abteilung abgesehen.

‚Die schnellste Kostenoptimierung erzielten wir, wenn wir auf die Kampagne mit den millionenschweren Werbespots für unser neues Handy Maxi-Phone verzichten', schlug er der Geschäftsführung vor. – ‚Das halte ich für einen Fehler', verteidigte ich mich. ‚Wir stehen kurz davor, beim Konsumenten ein Bewusstsein für die Vorteile unseres neuen Modells zu schaffen. Wenn wir die Kampagne jetzt stoppen, haben wir Millionen umsonst ausgegeben.' – ‚Das glaube ich nicht', entgegnete Sparsam. ‚Beweisen Sie mir erst einmal die Werbewirksamkeit ihrer Aktion.' – ‚Die Daten und Analysen hätte ich Ihnen gerne geliefert. Aber im Rahmen der Kostenoptimierung haben wir auf den Aufwand einer ernstzunehmenden Werbemittelforschung verzichtet. Ein Fehler, der sich nun doppelt rächt.' Doch so sehr ich mich auch bemühte, ich konnte die Kampagne nicht vor dem Rotstift retten.

Mein Kollege Horst tröstete mich. ‚Du weißt doch, dass der Finanzchef die Leute aus dem Marketing und Vertrieb nicht mag, weil sie nach seiner Ansicht viel Wind um nichts machen. Du hast dich einfach nicht ausreichend auf diesen Termin vorbereitet. Das nächste Mal rufst du ihn vor der Krisensitzung an und fragst ihn, ob er die Nacht in München mit Frau Schwab genossen hat. Die Reisekosten seiner Geliebten hat er nämlich auf die Spesenrechnung gesetzt. Das kann ihn den Job kosten, wenn du dies der Geschäftsführung im richtigen Moment steckst. Und wenn du ihm dann vorschlägst, dich in der nächsten Sitzung dafür stark zu machen, dass die Lohn- und Gehaltsabrechnung seiner Finanzabteilung zugeordnet wird, hast du einen Freund fürs Leben gewonnen. So mache ich das immer, um meine Abteilung und meinen Job zu retten.'"

Therapie: Geschickte Kooperationen und Selbstmarketing

Um in Krisenzeiten zu überleben, gehen viele Manager die richtigen Kooperationen ein. Sie suchen sich Verbündete, um ihre Durchschlagskraft nachhaltig zu erhöhen.

- Kooperation ist immer erfolgreicher als Konkurrenz und Wettbewerb.
- Suchen Sie sich komplementäre Partner, die Ihre persönlichen Schwächen ausgleichen und mit denen Sie Synergien erzeugen können.
- Achten Sie auf eine Übereinstimmung Ihrer Kooperationsziele, damit Sie und Ihre Partner sich nicht gegenseitig gefährlich werden können.
- Wählen Sie sich Partner aus, mit denen Sie geistig harmonieren, sodass aus Ihrer Kooperation auch eine längere Freundschaft werden kann.

Mit der folgenden Strategie verbessern Sie Ihr Image im Unternehmen und werden in Krisenzeiten zu einem unverzichtbaren Ansprechpartner:

- Konzentrieren Sie sich auf Ihre A-Zielgruppe. Dies sind die Personen, welche die Macht haben, Ihre Karriere zu fördern oder zu beenden.
- Richten Sie Ihre Aktivitäten auf das brennendste Problem Ihrer Zielgruppe aus. Treten Sie mit Ihren Zielpersonen in einen ständigen Dialog über deren wichtigste Probleme.
- Fragen Sie sich täglich, wie Sie die wichtigsten Probleme Ihrer Zielgruppe lösen können, und bieten Sie Innovationen an.
- Positionieren Sie sich als unverzichtbaren Problemlöser.

Abschied ohne Dank

„Die Kündigung kam für viele überraschend", wusste Simone Müller eine weitere Geschichte zu erzählen. „Es war an einem Montagmorgen. Per E-Mail bekamen wir die Einladung zu einer außergewöhnlichen Betriebsversammlung. Der Saal war restlos gefüllt. Gespannt warteten wir auf die Rede unseres Geschäftsführers. Dieser fasste sich kurz: ‚Guten Morgen, meine Damen und Herren. Aufgrund der bevorstehenden Umstrukturierungen sind wir leider gezwungen, unsere Belegschaft um 25 Prozent zu reduzieren. Jeder Mitarbeiter, der entlassen wird, bekommt in den nächsten zwei Tagen Bescheid. Sofern Sie bleiben können, haben Sie die

Möglichkeit, sich neu für Ihren Arbeitsplatz zu bewerben. Danke, das war's für heute.'

Ein Raunen ging durch die Menge. Jeder war verunsichert und wollte sofort wissen, ob er betroffen war. Das Warten wurde zur Qual. Auf dem Flur traf ich meine Kollegin Beate. ‚Weißt du, wie sie Achim, unseren Vertriebsleiter Nord, verabschiedet haben?', fragte sie mich. ‚Den hat man am Freitagnachmittag in das Büro unseres Geschäftsführers gebeten. Dort hat man ihn aufgefordert, aus dem Fenster zu schauen. Ob er draußen seinen Dienstagwagen stehen sähe. Der Schlüssel bliebe hier. Und sein Büro solle er bis 18 Uhr räumen. Kannst du dir das vorstellen? Das ist doch eine Unverschämtheit. All die Jahre haben wir uns für die Firma engagiert, Überstunden gemacht und auf unsere freie Zeit am Wochenende verzichtet. Na, wartet', prophezeite sie, ‚wenn die Zeiten mal wieder besser für uns Arbeitnehmer werden, haben wir auch keine Loyalität mehr zu irgendeinem Unternehmen.'

Und tatsächlich. Viele der gekündigten Mitarbeiter schlossen sich zu einem Club der Ehemaligen zusammen und machen uns heute sehr erfolgreich Konkurrenz. Viele treibt nur ein Ziel an: uns aufzukaufen und sich an dem Management zu rächen."

Therapie: Abschied, Trauer, Neubeginn

Der Schaden, der durch ein brutales Trennungsmanagement in den Unternehmen angerichtet wird, taucht in keiner Bilanz auf und wird nur hinter vorgehaltener Hand beziffert. Dabei kann es sehr einfach sein, einen unumgänglichen Trennungsprozess human und kostengünstig zu gestalten:

- Sorgen Sie dafür, dass sich Trennungswellen nicht zu oft und nicht zu heftig durch das Unternehmen ziehen.

- Machen Sie den Mitarbeitern durch eine glaubwürdige Informationspolitik klar, dass Sie alles unternommen haben, um die nötigen Entlassungen auf ein Minimum zu reduzieren.

- Vollziehen Sie nicht vermeidbare Trennungen möglichst schnell, damit möglichst bald wieder Ruhe und Sicherheit in das Unternehmen einkehren.

- Achten Sie darauf, dass dabei die Menschenwürde Ihrer Mitarbeiter nicht mit Füßen getreten wird. Schulen Sie die Vorgesetzten im Führen von Trennungsgesprächen und sorgen Sie dafür, dass nach der Trennungsverkündigung jemand da ist, der den Mitarbeiter emotional auffangen kann.

- Bieten Sie Ihren Mitarbeitern alle denkbare Unterstützung bei ihrer beruflichen Neuorientierung an: von Bewerberschulungen bis zur Kontaktaufnahme mit Ehe- und Schuldnerberatungen.

- Geben Sie den ausscheidenden Mitarbeitern Gelegenheit, sich von ihrer Abteilung und den Kollegen zu verabschieden. Führen Sie Trauersymbole ein, wie zum Beispiel eine brennende Kerze für jeden gekündigten Mitarbeiter. Lassen Sie die verbleibenden Mitarbeiter ihre Trauer verarbeiten, damit sie frei werden für einen Neubeginn in einer anderen Konstellation.

Falsches Führungshandeln

Blinder Aktionismus

„Ich erinnere mich noch an den Tag, als unsere Geschäftszahlen einbrachen", berichtete Simone Müller. Die Nachricht, dass unsere Geschäftsführung für 21 Uhr eine Krisensitzung einberufen hatte, verbreitete sich in Windeseile über die Flure. ‚Seien Sie gut vorbereitet', warnte mich der Kollege aus der Entwicklungsabteilung. ‚Der Chef hat Druck vom Aussichtsrat bekommen. Wenn wir bis morgen Früh keinen Notfallplan entworfen haben, wird es hier sehr ungemütlich.' Ich verstand den Ernst der Lage und bereitete mich auf die üblichen Krisensitzungen vor: Welche Informationen wird die Geschäftsführung von uns haben wollen? Decken sich unsere Daten mit denen des Controllings? Welche typischen Fragen wird man uns stellen? Welche Antworten werden erwartet? Wie reagiere ich, wenn Fragen kommen, auf die ich nicht vorbereitet bin?

Das Einzige, worauf die Geschäftsführung in Krisenzeiten reagiert, sind Zahlen, Daten und Fakten. Also bereitete ich einige Präsentationsfolien vor: eine Analyse der letzten drei

Quartale, aufgeschlüsselt nach Umsatzergebnissen und Kundengruppen. Doch hieraus ergaben sich leider keine Hinweise darauf, warum die Umsätze so plötzlich eingebrochen waren. Anscheinend hatten wir in unserem Controlling nicht alle erfolgskritischen Aspekte erfasst. Doch um hier nachzuhaken, fehlte mir die Zeit. Also würde ich an diesem Punkt die Frage an den Controller weiterreichen. Zusätzlich besorgte ich mir die Protokolle der letzten sechs Monate, um herauszufinden, welche Probleme bislang in der Führungsrunde ernsthaft diskutiert worden waren. Vielleicht würden sich ja daraus einige Gründe ablesen lassen.

Kurz vor 21 Uhr war ich auf alles vorbereitet. Ich hatte einen Argumentationsleitfaden und konnte Zahlen und Fakten präsentieren. Nur auf eine Frage war ich nicht vorbereitet: Mit welchen drei neuen Ideen können wir das Problem lösen?"

Therapie: Bewusstes Krisenmanagement

Die Reaktionen auf Krisen können sehr unterschiedlich sein. Einige Manager sind ohne Handlungsplan und auf unvorhergesehene Probleme nicht genügend vorbereitet. Sie wollen sich den Konflikten nicht stellen, die Realität verdrängen und die Auswirkungen nicht wissen. Andere analysieren fieberhaft die Daten, ohne die richtigen Schlüsse zu ziehen, und greifen dann ad hoc in funktionierende Prozesse ein.

Bei einer Krise sollten Sie

- *das Problem genau umschreiben*: Was ist passiert oder wird bald passieren? Wann ist es passiert oder wird es passieren? Wen oder was trifft das Problem? Wie genau äußert es sich? Wodurch wurde das Problem verursacht?
- *Lösungsalternativen entwickeln*: Ideen und Argumente sammeln, hinterfragen, gewichten und abwägen.
- *Entscheidungen treffen*: Warten Sie nicht ab, bis Sie alle Informationen haben. Schnelle, klare und nachvollziehbare Entscheidungen zu treffen ist besser, als nichts zu tun.

Notieren Sie alle möglichen Gefahrenquellen, die in Ihrem Verantwortungsbereich liegen. Entwickeln Sie für jeden Fall einen Handlungsplan, der Aktionspläne, Kommunikationspläne, Notfallpläne und Backup-Systeme für Ihren Rechner umfasst.

Teure Berater

„Auf allen Ebenen herrschte ein Entscheidungsstau", berichtete Paul Schmidt. „Unserem Management blieb wenig Gestaltungsspielraum. Die Geschäftsführung war unfähig, harte Einschnitte und unangenehme Entscheidungen durchzusetzen. So gab es kaum Reserven und Potenziale für eine Sanierung aus eigener Kraft. Die Krise war ausgebrochen und musste durch externe Berater bewältigt werden.

,Was hältst du von unseren neuen Beratern?', fragte mich mein Kollege Schuster aus der Buchhaltung. ,Schwer zu beurteilen', erwiderte ich. ,Die sehen alle gleich aus, mit den dunklen Anzügen, einheitlichen Haarschnitten und glänzenden Schuhen. Einen dieser Berater kenne ich. Es ist der Studienfreund meines Sohnes und macht momentan ein Praktikum bei dieser Unternehmensberatung. Eines Abends erzählte er mir bei einem Glas Wein, wie auch Studenten als Berater erfolgreich sein können. Für jedes Unternehmensproblem gibt es in der Unternehmenszentrale einen Aktenordner mit vorstrukturierten Fragen, die der Student dann bestimmten Entscheidungsträgern stellt. Aus den Antworten macht die Zentrale viele Charts, die der Seniorberater später unserem Vorstand präsentiert.'

,So etwas dachte ich mir schon', sagte Schuster. ,Die erzählen uns für viel Geld, was wir alle schon längst wissen. Nur, auf uns hört ja keiner. Und die eigentlich kritischen Punkte werden bei der Abschlusspräsentation geschickt ausgelassen. Oder hast du schon mal einen Berater erlebt, der die Absetzung des Vorstandsvorsitzenden empfohlen hat?'"

Therapie: Das Know-how im eigenen Haus nutzen

> „Die guten Ratschläge ... müssen ihren Ursprung in der Klugheit des Fürsten haben – nicht umgekehrt."
> Niccolò Machiavelli, italienischer Politiker und Staatsphilosoph, 1469–1527

Folgende klassischen Maßnahmen empfehlen Berater den Unternehmen in Krisenzeiten:

- *Produkte und Märkte überprüfen.* Welche Produkte in welchen Märkten haben zu der Schieflage geführt? Gegebenenfalls müssen ursächliche Produkte abgestoßen werden.
- *Kosten senken.* Kurzfristige drastische Senkung der Kosten, insbesondere auch im Bereich der Vielfalts- und Komplexitätskosten.
- *Konzentration auf rentable Kerngeschäfte.* Abbau unrentabler Kundenbeziehungen, Rückzug aus Regionen beziehungsweise Geschäftsfeldern mit Grenzanbieterposition.
- *Führungsorganisation umstellen.* Neuausrichtung des Managements ebenso wie der Entscheidungsstrukturen und -prozesse.

Ein gut geführtes Unternehmen sollte in der Lage sein, jede Krise mit dem vorhandenen Know-how seiner Mitarbeiter zu bewältigen. Die Berater leben allzu oft nur von der alten Lebensweisheit ‚Der Prophet gilt nichts im eigenen Land'.

Überzogene Kosteneinsparungen

„Die einfachste und schnellste Möglichkeit, eine Finanzkrise zu überwinden, liegt darin, Kosten einzusparen", berichtete Paul Schmidt. „Das wusste unser Finanzvorstand. Er sammelte konkrete Vorschläge, wie man die operativen Kosten um 30 Prozent senken könnte. Wir dachten darüber nach, wie wir die Einkaufspreise senken, die Lagerhaltung verringern, die Transportwege verkürzen und Personal abbauen könnten. Die Ideen unseres Personalchefs klangen nicht originell und motivierend. Der Personalabbau wirke sich erst mittelfristig auf das Geschäftsergebnis aus. Am schnellsten ließ sich sparen, wenn wir für die nächsten zwei Jahre auf unser Weihnachts- und Urlaubsgeld verzichten, die Gehälter einfrieren, den Jahresbonus nicht auszahlen und die wöchentliche Arbeitzeit um zwei Stunden erhöhen würden. Um die Lücke zu schließen, die die ausscheidenden Mitarbeiter reißen würden, könne man preiswerte Studenten und Praktikanten anwerben und einarbeiten. Der damit verbundene Mehraufwand ließe sich noch verkraften, da die Schmerzgrenze der Mitarbeiter bei weitem noch nicht erreicht sei. Selbstverständlich könne man auch die Jahresgehälter unserer Vorstandsmitglieder um 30 Prozent kürzen, sagte er kühn. Doch diese Entscheidung stehe ihm nicht zu.

Unser Finanzchef dachte da praktischer. Nicht nur die Lohn-, Strom- und Telefonkosten könnten gesenkt werden, sondern man könne auch an dem Klopapier auf den Damentoiletten sparen. Die nachfolgenden Beschwerden und Diskussionen kosteten das Unternehmen mehrere hundert Arbeitsstunden."

Therapie: Effizienz-Check statt Cost-Cutting

"Sparmaßnahmen muss man ergreifen, wenn man viel Geld verdient. Sobald man in den roten Zahlen ist, ist es zu spät!"
Jean Paul Getty, US-amerikanischer Milliardär, 1892–1976

Nicht unüberlegtes Cost-Cutting ist gefragt, sondern ein echter Effizienz-Check in den wichtigsten Unternehmensbereichen, nämlich in

- Entwicklung,
- Supply,
- Produkte & Services,
- Marketing/Sales/Distribution,
- IT,
- Personal,
- Finanzen.

Typische Maßnahmen der Effizienzsteigerung sind:

- Qualität verbessern,
- Durchlaufzeiten verkürzen,
- Redundanzen vermeiden,
- echte Verschwendungen abstellen,
- Einkaufspreise reduzieren,
- Anforderungen anpassen.

Probleme ‚wegdelegieren'

„Bei meiner letzten Projektvergabe war ich zufällig zur rechten Zeit am rechten Ort", berichtete Simone Müller, „nämlich vor der Bürotür unserer Geschäftsführung. ‚Schön, dass Sie mir über den Weg laufen', begrüßte mich mein Geschäftsführer. ‚Wir haben da gerade ein besonderes Problem. Wie Sie wissen, gilt unsere Verwaltung als Wasserkopf. Wir müssen hier unbedingt mindestens sieben Prozent unserer Kosten einsparen. Gründen Sie eine Task Force, mit der Sie konkrete Maßnahmen erarbeiten, die sich noch in diesem Jahr umsetzen lassen. Sprechen Sie schon mal mit den betroffenen Entscheidungsträgern über Ihre Lösungsvorschläge und sorgen Sie dafür, dass wir Ihren Katalog bei der nächsten Führungsrunde einheitlich verabschieden können. Ich kann mich auf Sie verlassen. Enttäuschen Sie mich nicht!', sagte er zum Abschied.

Selbstverständlich konnte er sich auf mich verlassen. Die Enttäuschung kam erst, als wir im Rahmen unserer Lösungsvorschläge Ärger mit dem Betriebsrat bekamen. Noch bevor wir ihm unsere Ideen im Detail präsentieren konnten, legte er gegen ein Outsourcing der Lohn- und Gehaltsabrechung massiven Protest ein. Auch meine Vorschläge, einen generellen Einstellungsstopp zu verhängen, Auszubildende nicht zu übernehmen und befristete Arbeitsverträge nicht zu verlängern, lehnte er ab. Und zu allem Überfluss fand er auch noch in der Geschäftsführung einen Verbündeten. ‚Wie können Sie es wagen, solche Vorschläge zu unterbreiten?', wurden wir beschimpft. ‚Nun haben wir noch mehr Probleme als vorher.'"

Diagnose: Schwierige Auftraggeber

Manche Führungskräfte machen es sich mit der Krise zu einfach: Sie rufen ein Projektteam ins Leben, verlieren dann das Interesse an dem Thema und überlassen die Sache ihrem Schicksal.

Noch schwieriger wird es, wenn der Auftraggeber ständig die Ziele und Rahmenbedingungen ändert, sodass die bereits geleistete Arbeit nutzlos war und das Projektteam wieder von vorne beginnen muss. Manchmal erklärt er die bisherige Vorgehensweise für unsinnig und überhäuft das Team mit Kritik, ohne konkrete Alternativen zu nennen. Angesichts von Widerständen und Konflikten rücken manche Auftraggeber schnell von den eigentlichen Projekten ab und weichen auf Themen aus, die keinem wehtun.

Therapie: Sorgsame Auftragsvergabe

Zu einer Krisenbewältigung gehört eine saubere Auftragsklärung in Bezug auf

- *Veränderungsziele*: Was soll durch das Projekt erreicht werden?
- *Bewahrungsziele*: Welche Errungenschaften dürfen nicht in Gefahr gebracht werden?
- *Vermeidungsziele*: Was sollte auf keinen Fall passieren? Welche Veränderungen sind nicht erwünscht?

Über folgende Gesichtspunkte, Vorgehensweisen und Methoden sollte vor der Durchführung eines Arbeitsauftrags Einigkeit bestehen:

- Budget und Zeitplan,
- Projektstruktur und -organisation,
- Teamzusammensetzung,
- Rolle des Auftraggebers,
- Umgang mit Konflikten,
- Information und Kommunikation.

Mangelnde Konsequenz

„Bei unserem letzten Task-Force-Team ging es darum, eine Veränderung der Unternehmenskultur zu begleiten", berichtete Peter Busch. „Aus den Mitarbeitern sollten motivierte Mitunternehmer gemacht werden. Angesichts der bevorstehenden Kostensenkungsmaßnahmen habe dieses Projekt allerhöchste Priorität, erklärte uns die Geschäftsleitung. Alles andere müsse dahinter zurückstehen. Das war für alle Projektbeteiligten ein klares Signal und wurde von vielen als große Aufwertung unseres Auftrags empfunden.

Es stellte sich jedoch schnell heraus, dass damit keineswegs eine Entlastung von anderen Aufgaben gemeint war. Als ich dem Montagsmeeting fernblieb, um die Präsentationsunterlagen für die Kickoff-Veranstaltung vorzubereiten, fiel ich unangenehm auf. Auch mein Kollege Bill hatte keine Zeit, sich um seine Projektaufgaben zu kümmern. Das Tagesgeschäft hatte ebenfalls ‚allerhöchste 'Priorität' – und uns Teammitglieder beschlich das Gefühl, in einer Falle zu sitzen.

Dann kam die Betriebsversammlung, auf der das Projekt offiziell angekündigt und vorgestellt werden sollte. Doch die Mitarbeiter schien unser Projekt nicht zu interessieren. Man hatte ihnen zuvor mitgeteilt, dass demnächst eine Verlängerung der Arbeitszeit ohne Lohnausgleich auf sie zukomme. Danach reagierten sie sehr lustlos und fragten sich, was die ganze Sache mit der Motivation eigentlich sollte. ‚Unser Projekt steckt in einer tiefen Krise', bemerkte mein Teamkollege Rick. ‚Bei der nächstbesten Gelegenheit werden sich die meisten mit unaufschiebbaren Aufgaben von höchster Bedeutung verabschieden und das Projekt wird einschlafen.'"

Therapie: Diplomatische Projektleitung

Verfolgt der Auftraggeber das Krisenmanagement nicht mit der nötigen Konsequenz, so kann dies für Sie als Projektleiter ein wichtiges Warnsignal sein. Vielleicht ist er sich noch gar nicht sicher, wohin er mit dem Projekt steuern will. Womöglich ist das Projekt nur ein Nebenschauplatz, um von anderen Problemen abzulenken, sodass eine ernsthafte Durchführung gar nicht erwünscht ist. Als Projektleiter haben Sie dann unversehens den schwarzen Peter in der Hand. Es gilt nicht nur, die Motivation Ihrer Teammitglieder aufrechtzuerhalten, sondern auch, Ihren guten Ruf im Unternehmen nicht zu gefährden.

Praxistipps

- Beginnen Sie Projekte nach Möglichkeit nur dann, wenn die Geschäftsleitung von dem Nutzen des Vorhabens überzeugt ist. Analysieren Sie vorher die Interessenlagen in dem betroffenen Unternehmensumfeld. Welche Auswirkungen könnte das Projekt auf bestimmte Mitarbeiter und Interessengruppen haben? Für wen könnte das Projekt Vorteile bieten? Wer könnte befürchten, als Verlierer zu gelten? Wie können Sie Ihre Kritiker mit ins Boot nehmen?
- Suchen Sie sich Verbündete im Topmanagement. Wenn andere starke Personen mit der Vorgehensweise und den Ergebnissen einverstanden sind, wird es Ihr Auftraggeber auch sein. Bestehen Sie auf einem klaren Projektauftrag. Falls Sie keine Antwort erhalten, teilen Sie schriftlich mit, dass Sie, solange Sie keine abweichenden Instruktionen erhalten, auf der Basis des von Ihnen formulierten Lastenhefts arbeiten werden. Und treiben Sie eher einen etwas erhöhten Aufwand, um Vorgehensweise, Zeit- und Arbeitspläne sowie Zwischenergebnisse transparent zu machen.

Mangelndes Konfliktmanagement

„Konflikte sind dazu da, ausgetragen zu werden", sagte Paul Schmidt. „Dies wussten auch unsere Mitarbeiter Glowick und Schulze. Die beiden arbeiteten seit Jahren als enge Freunde in dem Partyservice unter der Leitung von Herrn Sommerlad. Schulze war der geborene Verkäufer. Die Gewinnung von Großaufträgen, wie das Ausrichten von Hochzeiten und Jubiläen, war sein Spezialgebiet. Glowick war der strategische Einkäufer und Organisator. Er schaffte es, den Partyservice für große Events schnell, zuverlässig und kostengünstig zu organisieren.

Im Rahmen der anstehenden Umstrukturierungen verließ Sommerlad das Unternehmen. In der Übergangszeit wollte man auf eine Neubesetzung der Stelle verzichten. Schulze und Glowick sollten so weiterarbeiten wie bisher. ‚Was ist in eurem Partyservice los?', fragte mich eines Tages unser Controller. ‚Die Umsätze gehen zurück. Die Reklamationen steigen. Und die Fehlzeiten häufen sich. Habt Ihr Probleme?' – ‚Nicht, dass ich wüsste', antwortete ich. ‚Weder Herr Glowick noch Herr Schulze haben sich bisher bei mir gemeldet.'

Doch dann wurde mir die Sache doch zu heiß. Ich lud Schulze zu einem vertraulichen Gespräch ein. ‚Gut, dass Sie mich sprechen wollen', begrüßte er mich. ‚Der Glowick spielt sich als mein Chef auf und will mir Vorschriften machen. Doch das lasse ich mir nicht bieten. Zum Glück konnte mich Herr Sommerlad in seiner neuen Firma unterbringen. Hier ist meine Kündigung.'"

Therapie: Konflikte offen legen und ausräumen

Gerade in Zeiten der Umstrukturierungen, Neuausrichtungen und Fusionen kommt es zu vielen unausgesprochenen Verteilungs-, Informations-, Interessen-, Beziehungs-, Werte- und Strukturkonflikten, die es zu bewältigen gilt.

Praxistipps

- Verordnen Sie keine Harmonie von oben. Versuchen Sie nicht, Ihre Mitarbeiter zu einem harmonischen Miteinander zu zwingen. Appellieren Sie nicht ständig an den Teamgeist und die Solidarität. Eine erzwungene Harmonie führt nur dazu, dass sich die Teammitglieder andere Wege suchen, um Auseinandersetzungen auszutragen.
- Geben Sie Ihren Mitarbeitern die Möglichkeit, Konflikte offen an zusprechen.
- Achten Sie auf negative Veränderungen. Auch in einem eingespielten Team laufen ständig gruppendynamische Prozesse ab, die das Arbeitsklima beeinträchtigen können. Achten Sie nicht nur auf mögliche Reibereien der Teammitglieder untereinander, sondern auch auf Signale wie zum Beispiel erhöhte Krankmeldungen und stockenden Informationsfluss.
- Schaffen Sie klare Regeln für den Umgang mit Konflikten und sorgen Sie dafür, dass diese auch eingehalten werden. Gemeinsam geschaffene Regeln werden oft sehr viel leichter akzeptiert als von oben diktierte.
- Vermeiden Sie Situationen, in denen es eindeutige Gewinner und Verlierer gibt.

Keine Information und Kommunikation

Nun war die Reihe wieder an Simone Müller. „Wie wichtig eine gute Informationspolitik in Krisenzeiten ist, erfuhr ich, als eines Morgens einige Journalisten vor den Toren unserer Firma standen", begann sie ihre Erzählung. ‚Was ist denn hier los?', fragte ich die Journalisten. ‚Danke für den Kommentar', antwortete einer von ihnen. ‚Sie wissen also nicht, was in Ihrem Unternehmen momentan passiert?' – ‚Das habe ich so nicht gesagt', erwiderte ich. ‚Kein weiterer Kommentar.'

Als ich in meinem Büro ankam, fand ich dort einige missgelaunte Mitarbeiter vor. ‚Warum haben Sie uns das nicht früher gesagt?', hielt mir ihr Sprecher entgegen. ‚Das hätte ich von Ihnen nicht erwartet. Als gute Vorgesetzte hätten Sie uns vorher informieren sollen. Was soll jetzt aus meinen Kindern werden?', klagte ein anderer. ‚Wovon reden Sie eigentlich?', gab ich verständnislos zurück. Die Mitarbeiter schüttelten den Kopf und schauten betreten schweigend zu Boden. Dann sah ich die Lokalzeitung auf meinem Schreibtisch liegen. Mein Blick fiel auf die Schlagzeile, ‚*Handy* vor dem Aus! – Konkursantrag gestellt.' Das kann nicht sein, dachte ich. Ich gehöre dem engeren Führungskreis an. Meine Kollegen hätten mich doch vorher informieren müssen.

Ich griff zum Telefon. Die Leitung zur Geschäftsführung war besetzt. Daraufhin begab ich mich persönlich in die Geschäftsführungsetage. Unterwegs begegnete ich meinem Kollegen Schulze. ‚Den Weg kannst du dir sparen', riet er mir. ‚Den Bluthaupt, unseren Geschäftsführer, hat der Aufsichtsrat beurlaubt. Nun wird kommissarisch ein Interimsmanager eingesetzt. Wer es sein wird, wird noch bekannt gegeben. Am besten, wir gehen wieder zurück in unsere Abteilung und kümmern uns um das Tagesgeschäft. Meinen Mitarbeitern habe ich gesagt, dass sie sich keine Sorgen machen müssen. Bisher haben wir noch jede Krise erfolgreich gemeistert.'"

Therapie: Krisenkommunikation

In einer Krise gilt es, die Mitarbeiter schnellstmöglich und umfassend über anstehende Veränderungen im Unternehmen zu informieren.

Praxistipps

Etablieren Sie ein Frühwarnsystem, das Sie rechtzeitig über anstehende Neuerungen im Unternehmen informiert:

- Suchen Sie gezielt den Kontakt zu Personen, die kraft ihrer Position frühzeitig Informationen von der Unternehmensleitung bekommen. Dies sind zum Beispiel Mitarbeiter in den Sekretariaten und Fachreferaten, Personalabteilungen und Arbeitnehmervertretungen.

- Halten Sie in Krisenzeiten regelmäßige Mitarbeiterbesprechungen ab. Halten Sie Ihre Mitarbeiter dazu an, ihre unternehmensinternen Netzwerke zu aktivieren, um sich zusätzliche Informationen zu besorgen und um diese auszutauschen.

- Rufen Sie bei aktuellen Anlässen sofort eine Mitarbeiterversammlung ein. Fragen Sie sich, was die Ereignisse für die Situation in Ihrer Abteilung bedeuten könnten.

- Seien Sie darauf vorbereitet, dass Sie nicht auf alle Fragen Ihrer Mitarbeiter eine Antwort haben werden.
- Unterscheiden Sie zwischen Informationen, die Sie als Führungskraft weitergeben dürfen, und Informationen, die Sie für sich behalten sollten, um nicht unnötig den betrieblichen Frieden zu stören.
- Versuchen Sie, Ihren Mitarbeitern immer eine Perspektive zu geben. Sorgen Sie dafür, dass sie nicht die Hoffnung verlieren.

Der Abschluss der Wette

„Wenn ich recht informiert bin, ist noch eine Weinflasche übrig", stellte Simone Müller fest. – „Diese Flasche geht an Sie", beglückwünschte sie Peter Busch. „Das war ein sehr interessanter Abend. Aus ihren Erzählungen habe ich vieles aus meinen eigenen Unternehmen wieder erkannt. – Mit welchem Fazit können wir diesen Abend beschließen?"

„Mein größter Fehler ist, manchmal zu glauben, keine zu haben", sagte Simone Müller. - „Na ja, Fehler sind doch Bestandteil des Lebens", philosophierte Paul Schmidt. „Letztlich kann man kann nur hoffen, dass sie einem nicht zu teuer zu stehen kommen." – „Das sehe ich anders: Ich habe bisher wirklich viele Fehler gemacht", stellte Paul Schmidt abschließend fest, „aber ich habe daraus gelernt – manches davon kann ich, denke ich, in Zukunft vermeiden."

Stichwortverzeichnis

Aktionismus 109 f.
Auftragsvergabe 117 f.
Autorität 58
Berater 112 f.
Besprechungsregeln 76
Beurteilungsfehler 80
Controlling 42
Delegation 87 f.
Eigenkapital 36
Entscheidungs- und Handlungsschwäche 57
Expansion 29
Fachkompetenz 54, 56
Feedback 71
Fehleinschätzung, des Marktes 21
Fehlerkultur 96
Fehlkalkulation 35
Finanzielles Frühwarnsystem 38
Finanzierungsbedarf 34
Finanzierungsfehler 37
Forderungsmanagement 44
Frühwarnindikatoren 33
Führungskompetenz 61 ff.
Führungspersönlichkeiten 56
Führungsstil 67 f.
Fusionen 30 f.
Information 123 ff.
Innovation 15, 23 ff.
Interkulturelles Fehlverhalten 69
Kapitalgeber 15
Käufe 28 f.
Know-how-Transfer 91
Kommunikation 123 ff.
Konfliktmanagement 121 f.
Kontrolle 73 ff.
Kosteneinsparungen 114 f.
Kreativität 58
Krisenmanagement 110 f.
Kunden 15 f., 19
Kundenorientierung 16 f.
Leistungsbeurteilung 79 f.
Leistungsförderung 82
Leistungsschwäche 81
Macht 69, 104
Marktabhängigkeit 19
Meetings 75 f.
Mitarbeiterauswahl 85 f.
Mitarbeitergespräche 83 f.
Perfektionismus 59
Personalwesen 48
Planung 32 f.
Prioritäten 94
Produktivität 93
Projektleitung 118 ff.
Qualität 46 ff.
Sozialkompetenz 55
Standortwahl 26 f.
Strategie 14
Unternehmensberatungen 112 f.
Unternehmerqualitäten 52
Veränderungsbereitschaft 102
Wachstum 39
Weiterbildung 87 f.
Zeit 73 f.
Zielvereinbarungen 77

Konflikte kompetent lösen

Konfliktmanagement

Ob Sie gerade selbst einen Konflikt austragen oder als Konfliktmanager gefordert sind: In diesem Buch erfahren Sie, wie Konflikte entstehen und wie die Lösung aussehen kann.

- Welche Symptome gibt es?
- Stadien der Konfliktentwicklung?
- Gezielt Vorbeugen
- Die Rolle des Konfliktmanagers

PLUS: Checklisten und Musterformulare für die erfolgreiche Konfliktlösung im Betrieb.

Heinz Jiranek, Andreas Edmüller
Konfliktmanagement
Als Führungskraft Konflikten vorbeugen, sie erkennen und lösen
1. Auflage
341 Seiten
€ 24,80* [D]

Bestell-Nr. 04051-0001
ISBN 3-448-05913-7

* *inkl. MwSt., zzgl. Versandpauschale € 1,90*

Bestellen Sie bei Ihrer Buchhandlung oder direkt beim Verlag:
Haufe Service Center GmbH, Postfach, 79091 Freiburg
Tel.: 0180/5050440*, Fax: 0180/5050441* * 12 Cent pro Minute
Internet: www.haufe.de
E-Mail: bestellung@haufe.de

Setzen Sie auf Kompetenz

Produktinformationen online

www.haufe.de

Übersicht über alle Produkte und Angebote der Haufe Mediengruppe mit tagesaktuellen News und Tipps.

Anklicken unter: www.haufe.de

Haufe Akademie

www.haufe-akademie.de

Seminare, Schulungen, Tagungen und Kongresse, Qualification Line, Management-Beratung & Inhouse-Training für alle Unternehmensbereiche. Über 180 Themen!

Katalog unter: Telefon 0761/4708-811

Arbeitsdokumente zum Download

redmark
ready for business.

Rechtssichere Verträge, Checklisten, Formulare, Musterbriefe aus den Bereichen Personal, Management, Rechnungswesen, Steuern, die den Arbeitsalltag erleichtern.

Abrufen unter: www.redmark.de

Haufe Mediengruppe

Haufe Mediengruppe Hindenburgstraße 64 79102 Freiburg
Tel.: 0180 5050440 Fax: 0180 5050441